Inhalt PiA 1/2010

I0027930

Inhalt

Institutionen stellen sich vor

Besprechungen

Veranstaltungshinweis 116

Autorinnen und Autoren 117

Psychotherapie im Alter

Forum für Psychotherapie, Psychiatrie, Psychosomatik und Beratung

Herausgegeben von
Peter Bäurle, Aadorf; Johannes Kipp, Kassel;
Meinolf Peters, Marburg / Bad Hersfeld;
Astrid Riehl-Emde, Heidelberg; Angelika Trilling, Kassel;
Henning Wormstall, Schaffhausen / Tübingen

Psychosozial-Verlag

P☰V

Impressum

Psychotherapie im Alter
Forum für Psychotherapie, Psychiatrie,
Psychosomatik und Beratung

ISSN 1613–2637
7. Jahrgang, Nr. 25, 2010, Heft 1

ViSdP: Die Herausgeber; bei namentlich
gekennzeichneten Beiträgen die Autoren. Namentlich gekennzeichnete Beiträge
stellen nicht in jedem Fall eine Meinungs-
äußerung der Herausgeber, der Redaktion
oder des Verlages dar.

Erscheinen: Vierteljährlich

Herausgeber: Dr. Peter Bäurle, Dr. Johan-
nes Kipp, Dr. Meinolf Peters, Prof. Dr.
Astrid Riehl-Emde, Dipl.-Päd. Angelika
Trilling, Prof. Dr. Henning Wormstall

Mitbegründer und Mitherausgeber 2004–
2008: Prof. Dr. Hartmut Radebold

Die Herausgeber freuen sich auf die Ein-
sendung Ihrer Fachbeiträge! Bitte wenden
Sie sich an die Schriftleitung:
Dr. Johannes Kipp, Klinik für Psycho-
somatische Medizin und Psychotherapie
Klinikum Kassel
Mönchebergstraße 41–43, 34125 Kassel
Tel.: 0561/9803825 · Fax: 0561/9806844
E-Mail: j.kipp@psychotherapie-im-alter.de
www.psychotherapie-im-alter.de

Redaktionelle Mitarbeit: Klaus Rudolf
Schell (Schwerte)
Übersetzungen: Keri Shewring

Titelbild: »Der Weg«, Kurt Zisler, 1997
(Mischtechnik auf Holz, 40x50 cm); Ab-
druck mit freundlicher Genehmigung des
Künstlers. Das Bild ist als Postkarte erhält-
lich bei: Altenwerk der Erzdiözese Freiburg:
www.seniorenweb-freiburg.de

Satz: Hanspeter Ludwig, Gießen

Anfragen zu Anzeigen bitte an den Verlag:
E-Mail: anzeigen@psychosozial-verlag.de

Abonnentenbetreuung
Psychosozial-Verlag
E-Mail: bestellung@psychosozial-verlag.de
www.psychosozial-verlag.de

Bezug
Jahresabo 49,90 Euro · 85,50 SFr (zzgl.
Versand)
Einzelheft 14,90 Euro · 26,80 SFr (zzgl.
Versand)
Studierende erhalten gegen Nachweis
25 % Rabatt.
Das Abonnement verlängert sich um jeweils
ein Jahr, sofern nicht eine Abbestellung bis
zum 15. November erfolgt.

Die Herausgabe der Zeitschrift wurde von
2004–2008 von der Robert-Bosch-Stiftung
gefördert.
Die Herausgeber danken auch für die Unterstützung durch die Arbeitsgruppe Psychoanalyse und Altern, Kassel.

Editorial
Geragogik – Bildung und lebenslanges Lernen im Alter

Seine 25. Ausgabe – ein kleines und vom Herausgeberkreis nicht ohne Stolz vermerktes Jubiläum – widmet PiA dem Schwerpunkt Bildung. So wie die 25 für eine gewisse Reife steht, in der man dennoch weiter drängt und nach Neuem Ausschau hält, so stehen auch die Bildung und das lebenslange Lernen für den Anspruch auf Weiterentwicklung unter Anerkennung des bereits Geleisteten und Gelebten.

Wer unter dem Stichwort *Demografischer Wandel* nur an Fragen der materiellen Absicherung im Alter und die Pflegeproblematik denkt, der blendet ganz wesentliche Dimensionen einer Gesellschaft des langen Lebens aus. Keiner kann bestreiten, dass weiter sinkende Geburtenzahlen bei steigender Lebenserwartung die Gesellschaft, die wir kennen, strukturell und kulturell tiefgreifend verändert. Doch darf bezweifelt werden, dass dies zwangsläufig in einer Katastrophe mündet, wie zuweilen in einer eigenartig provinziellen und geschichtsvergessenen Weltsicht orakelt wird.

Das Privileg, in einer Gesellschaft des langen Lebens zu altern, sollte uns ermuntern, das Miteinander der Generationen und die Gestaltungsmöglichkeiten des Alters neu zu denken und zu erproben. Das fordert Kreativität und Mut und verlangt nach reflektierter Erfahrung ebenso wie nach der Entwicklung von neuartigen Produkten und ressourcenschonenden Verhaltensstilen. Enorme Aufgaben stehen also ins Haus, für die es sich zu rüsten und zu befähigen gilt, ganz unabhängig von Alter und Herkunft: Bildung ist gefragt. Auch der 5. Altenbericht der Bundesregierung (2006) bezieht Position gegen die Katastrophenszenarien und widmet sich den »Potenzialen des Alters in Wirtschaft und Gesellschaft«. Unter den fünf Leitbildern, die eine unabhängige Wissenschaftskommission der Bundesregierung anempfahl, wollen wir die Aussagen zum Leitbild des *Lebenslangen Lernens* genauer betrachten. Denn indem der 5. Altenbericht auf aktive Teilhabe und intergenerationelle Verantwortung setzt, wird die Bereitschaft zum lebenslangen Lernen nicht nur notwendige Voraussetzung, sondern geradezu Verpflichtung. Dies geschieht nicht per Dekret, sondern wird über eine »Verpflichtungsethik« transportiert, die das aktive und individuell zu gestaltende Alter zur Norm erhebt.

Daraus werden drei zentrale Ziele abgeleitet:

➤ der Erhalt der Beschäftigungsfähigkeit älterer Arbeitnehmer durch berufliche Bildung,

➤ die Verbesserung der Lebensgestaltung und Lebensbewältigung im Alter durch Bereitschaft zu präventivem Verhalten und

➤ die gesellschaftliche Integration und Partizipation.

So sinnvoll diese Ziele sind, verkürzen sie doch den Anspruch an Bildung auf den Aspekt ihrer Nützlichkeit für bestimmte gesellschaftliche Bedarfslagen. Verschwunden ist damit nicht nur die Dimension der Selbstbestimmung, die in der aufklärerischen Tradition des Bildungsbegriffs wurzelt, ausgeblendet werden auch – angesichts der demografischen Verwerfungen – die dringend erforderlichen zivilgesellschaftlichen Aushandlungsprozesse und deren Rückwirkungen auf »Bildung«. Wo es allein um den Erwerb von Wissen, Kenntnissen, Qualifikationen, Fähigkeiten und Fertigkeiten geht, ohne die Perspektive des Subjektes zu thematisieren, kommt dem – dann scheinbar wert- und inhaltsneutralen – Lernen der Lernende abhanden. Damit fehlt die Instanz, die Inhalte erst reflektieren, wählen und werten könnte, Maßstäbe entwickelte und Stellung bezöge (Goesken et al. 2007).

Wenn im Bericht dann doch noch »als umfassendes Ziel von Altersbildung« die »*Schaffung der körperlichen, geistigen, emotionalen und moralischen Ganzheit des Menschen*« (BMFSFJ 2006, 128f) benannt wird, bleibt dies merkwürdig unverbunden zu dem ansonsten dominanten Bildungsverständnis, dem es primär um die Instrumentalisierung des Menschen im Interesse wirtschaftlicher Erfordernisse zu gehen scheint.

Bildung hingegen, verstanden als Auseinandersetzung des Menschen mit sich und seiner Welt, geht aus von dem sich bildenden Subjekt und beinhaltet Selbstaufklärung und verantwortliches Handeln. Als ein Prozess, der zwischen Individuum und Gesellschaft vermittelt, eröffnet Bildung dem Einzelnen sowohl Möglichkeiten der gesellschaftlichen Teilhabe wie individuell bestimmbare Spielräume.

Die junge Wissenschaftsdisziplin der *Geragogik* knüpft an dieses Bildungsverständnis an und fragt nach den spezifischen Anliegen und Zielen von Bildung im Alter. Da ihr ein ganzheitlicher Bildungsbegriff zugrunde liegt, kann sie die gesamte Altersphase betrachten – also auch das hohe Alter. Der Geragogik geht es folglich um die Entfaltung von Identität angesichts der altersspezifischen Entwicklungsaufgaben und im Kontext der konkreten historischen Lebenssituation. Es geht um Selbstreflexivität, aber auch um (Selbst-)Erleben und um (Selbst-)Ausdruck. Nicht zuletzt spielt die Auseinandersetzung mit der eigenen Biografie eine wichtige Rolle bei der Neuorientierung und Sinnfindung (Kricheldorff 2005).

Das Bildungsverständnis und die Bildungspraxis der Geragogik sind so bunt und facettenreich wie das Alter(n) selbst. Einen kleinen, längst nicht repräsentativen Ausschnitt bieten die Beiträge in diesem Heft. Nach einem Übersichtsartikel (Kricheldorff) wird Bildung im Alter aus gestalttherapeutischer (Bubolz-Lutz) und bildungspolitischer (Haring) Perspektive beschrieben. Neben Überlegungen zur kulturellen Bildung im Alter (Baumann u. Ermert) geht es um Lernen für und durch das Freiwilligenengagement (Steinfort) und um Weiterbildung im Interesse der Gesunderhaltung (Trilling). In einer Mischung aus professioneller und subjektiver Sicht wird schließlich nach dem »Warum und Wozu« des Lernens im Alter gefragt (Kipp).

Deutlich wird in den ausgewählten Artikeln, dass Bildung im Alter im Verständnis der Geragogik höchst unterschiedliche Ansätze und Zugangsweisen umfasst – weit mehr, als die Angebote der etablierten Bildungsträger wie Volkshochschulen, Seniorenakademien und kirchliche Einrichtungen widerspiegeln mögen. So vielfältig wie das Alter ereignet sich auch das Lernen und findet seine Orte in Kultur und Sport, im bürgerschaftlichen Engagement und in der psychosozialen Arbeit.

Cornelia Kricheldorff (Freiburg) und Angelika Trilling (Kassel)

Literatur

BMFSFJ – Bundesministerium für Familie, Senioren, Frauen und Jugend (2006): Fünfter Bericht zur Lage der älteren Generation in der Bundesrepublik Deutschland, Berlin, online Dokument, http://www.bmfsfj.de/RedaktionBMFSFJ/Abteilung3/Pdf-Anlagen/fuenfter-altenbericht,property=pdf,bereich=,rwb=true.pdf, [23.10.2009].

Gösken E, Köster D, Kricheldorff C (2007) Altersbildung – mehr als die Nutzung von Bildungsangeboten. Profilschärfung und Weiterentwicklung fachlicher Positionen des 5. Altenberichts. In: forum Erwachsenenbildung 7(2): 39–44.

Kricheldorff C (2005) Biografisches Arbeiten und Lernen. Lebensgeschichtliche Prägungen als Ressourcen. Pflegemagazin 6(4): 4–12.

Korrespondenzadressen:
Prof. Dr. Cornelia Kricheldorff
Katholische Fachhochschule Freiburg
Karlstr. 63
D-79104 Freiburg i. Br.
E-Mail: *cornelia.kricheldorff@t-online.de*

Dipl. Päd. Angelika Trilling
Stadt Kassel
Referat für Altenarbeit
D-34112 Kassel
E-Mail: *angelika.trilling@stadt-kassel.de*

Integration und soziale Teilhabe durch Bildungsprozesse im Alter

Cornelia Kricheldorff (Freiburg)

Zusammenfassung

Das Leben in der Postmoderne ist geprägt von Wandel, Tempo und Schnelllebigkeit. Auch Altern findet inmitten von Prozessen der Individualisierung und Detraditionalisierung statt, was ständig neue Anpassungsleistungen erforderlich macht. Menschen sind deshalb dazu gezwungen, ihre Anschlussfähigkeit an Kultur, Ökonomie und ihre Umwelt zu sichern, indem sie ständig weiter lernen, um sich weiterzubilden. Veränderungen in der Gesellschaft und dem Lebensumfeld erfordern auch von Älteren kontinuierliche Lernanstrengungen und die Übernahme von Verantwortung für die eigenen Lebensumstände, z. B. dadurch, dass sie Lebensentwürfe in Frage stellen und neu planen müssen.

In dem Sinne trägt Bildung im Alter zur Integration in die Gesellschaft bei, indem sie zur Teilhabe und zur Partizipation am gesellschaftlichen Leben befähigt. Altersbildung hat damit die strategische Schlüsselaufgabe, den kollektiven Alterungsprozess im Sinne einer humanen und mehr Lebensqualität bietenden Entwicklung zu gestalten. Es geht dabei auch um Identitätsbildung und -erneuerung und um die Entwicklung sinnstiftender Rollen und Aufgaben, die ein Leben in sozialer Verbundenheit möglich machen. Die *Geragogik* weist seit Längerem auf diese zentrale Bedeutung der Altersbildung hin.

Stichworte: lebenslanges Lernen, Geragogik, Inklusion versus Exklusion, Gesundheit und Prävention, neue Settings der Altersbildung

Abstract: Integration and social participation by learning in later life

In postmodernism, life means to live in an atmosphere of continuous change at a fast pace and with rapid development. Aging is part of a process of individualisation and faded traditionalism, which means that constantly continued adaptation is necessary. Therefore, elderly people are forced to stay connected with culture, economics and their environment by continuous learning and educating themselves. Due to the changes in society and social environments, elderly people are required learn continuously and take over responsibility for their own living conditions, for instance, by analysing their conceptions of life and planning new strategies.

In this sense, education contributes in part to ensure integration into society by enabling older people to equal participation. Therefore, educational gerontology has the strategic key-task to design the collective aging-process in the sense of a development which offers a richer and more humane quality of life. This also concerns the building and renewal of identity, and the development of meaningful roles and tasks that make a life in social solidarity possible. For a long time geragogy has emphasized the central importance of educational gerontology.

Key words: lifelong learning, geragogy, inclusion versus exclusion, health and prevention, new settings of learning in later life

Lernen und Bildung

Die Fähigkeit des Menschen zu lernen ist die Grundlage für Bildung. Bildung ist ein sprachlich, kulturell und historisch bedingter Begriff mit einer sehr komplexen Bedeutung. Eine präzise oder einheitliche Definition des Bildungsbegriffs zu finden, erweist sich daher als äußerst schwierig. Je nach Ausrichtung und Interessenlage variieren die Ansichten darüber, was unter Bildung verstanden wird, ganz erheblich. Allgemein ausgedrückt bezeichnet Bildung die Formung und Entwicklung des Menschen im Hinblick auf sein »Menschsein«. Der Weg zum Selbstverstehen als Mensch führt über das Fremdverstehen, das heißt über das Begreifen und Aneignen der umgebenden Welt.

Für die Bildung im Alter bedeutet das, dass durch ständige Lernvorgänge die Auseinandersetzung mit der sich wandelnden Umwelt erfolgen muss und dass Anpassungsleistungen im Alter als Teil von Bildungsprozessen zu verstehen sind. Lernen im Alter ist damit Voraussetzung für Altersbildung und für die Geragogik. Diese hat ihren Kern in der Weiterentwicklung zum »ganzen Menschen« und geschieht in einem Prozess der Aneignung der eigenen Lebenswelt und deren Veränderungen im Alter.

Unterschieden werden muss dabei zwischen dem formalen, dem non-formalen und dem informellen *Lernen*. In der Unterscheidung zum non-formalen ist das formale Lernen in den typischen Bildungs- und Weiterbildungseinrichtungen angesiedelt und auf Abschlüsse oder Zertifikate gerichtet. Das non-formale Lernen erfolgt hingegen aus Interesse an bestimmten Themen oder im Zusammenhang mit der individuellen Lebensgestaltung und -bereicherung. Der weitaus größte Teil der Lernerfahrungen im Alter wird allerdings in informellen Lernprozessen und -kontexten gemacht – im Alltag und oft ganz »en passant«, also eher unbewusst und nebenbei.

Bildung ist, aus einer funktionalistischen Perspektive heraus betrachtet, ein Instrument der Sozialisation und gesellschaftlichen Integration, wie auch wertender sozialer Differenzierung und Distinktion (Barz 2006, Gukenbiehl 1998, 86). Bildung wird aber auch als Wertbegriff verstanden, der durch historisch wechselnde Leitbilder, Bildungsideale und -ziele inhaltlich bestimmt wird (Gukenbiehl 1998, 85, Kolland 2005, 13). Eine immer noch zeitgemäße Bestimmung von Bildung, im Hinblick auf ein Leitbild und Bildungsziel, ist die des *Deutschen Ausschusses für das Erziehungs- und Bildungswesen* (1960): Gebildet wird demnach jeder, der »*in der ständigen Bemühung lebt, sich selbst, die Gesellschaft und die Welt zu verstehen und diesem Verständnis gemäß zu handeln*« (404).

Lebenslanges Lernen

Lange Zeit wurde der Begriff des *Lebenslangen Lernens* vor allem mit der beruflichen Weiterbildung in Verbindung gebracht. Dies hat angesichts alternder Belegschaften und der zunehmenden Notwendigkeit, über gezielte berufliche Weiterbildungsmaßnahmen ältere Arbeitnehmerinnen und Arbeitnehmer länger im Berufsleben zu halten, eine wachsende Bedeutung (Bellmann u. Leber 2004, Bertelsmann Stiftung 2005). Das Stichwort heißt hier »*Beschäftigungsfähigkeit*« und die Schaffung von veränderten Arbeitsbedingungen, z. B. durch die Kooperation in altersgemischten Teams. Der zentrale Gedanke dabei ist, dass intergenerationelles Lernen am Arbeitsplatz durch einen Mix bzw. durch den Austausch von Erfahrungswissen und Innovation geschieht – Jüngere lernen von den Erfahrungen der Älteren, die Älteren werden durch Jüngere an technische Neuerungen und innovative Verfahren und Ansätze herangeführt (Fuchs u. Bangali 2003).

Inzwischen wird aber *Lebenslanges Lernen* von seinem Begriffsverständnis her sehr viel breiter angelegt: *Lebenslanges Lernen* besitzt auch jenseits der Erwerbsarbeit seine Bedeutung für die Persönlichkeitsentwicklung und für die *Soziale Teilhabe*. Dieser Paradigmenwechsel in Bezug auf das *Lebenslange Lernen* ist das eigentliche Verdienst des 5. *Altenberichts der Bundesregierung* (BMFSFJ 2005). Begründet wird die Forderung nach einer Ausweitung des *Lebenslangen Lernens* auf alle Altersstufen unter Bezugnahme auf das Modell der altersintegrierten Gesellschaft. Diese Forderung ist in der Gerontologie nicht neu. Vielmehr haben Mathilda und John Riley (1994) den mittlerweile oft zitierten Vorschlag unterbreitet, das Konzept eines traditionell dreigeteilten Lebenslaufs aufzuheben und dessen gesellschaftliche Strukturiertheit grundlegend zu reformieren.

Der herkömmlichen Vorstellung von der phasenhaften Abfolge von Zeiten der Ausbildung, der Erwerbstätigkeit und des »Ruhestands«, steht ein anderer Gesellschaftsentwurf gegenüber. Aus individueller und gesellschaftlicher Perspektive wird stattdessen für eine Neugestaltung des Lebenslaufs im Sinne einer altersintegrierten Gesellschaft plädiert, wobei der Verknüpfung von beruflicher Tätigkeit mit *Lebenslangem Lernen*, Kindererziehung und Pflege eine große Rolle zukommt (BMFSFJ 2005). Riley und Riley verknüpfen mit ihrer Forderung auch die Hoffnung, dass Phänomene der Altersdiskriminierung im Zuge eines solchen Prozesses der Umgestaltung von Gesellschaft verschwinden oder zumindest abnehmen (1994). Im Kontext des 5. *Altenberichts* wird denn auch die Mitverantwortung Älterer sowie deren aktive Mitgestaltung des gesellschaftlichen Wandels stark in den Mittelpunkt gerückt. All das erfordert lebenslange Lernprozesse und Lernbereitschaft.

Unter dem Stichwort *lebensbegleitendes Lernen* erfolgt im aktuell verabschiedeten Koalitionsvertrag der neuen Bundesregierung erneut eine Positionierung für die Bildungsbeteiligung Älterer. Dort wird erklärt: »Gemeinsam mit starken Partnern aus Bund und Ländern, Wirtschaft und Wissenschaft, Kirchen, Wohlfahrtsverbänden und Stiftungen sowie den Seniorenorganisationen werden wir neue Bildungschancen und -anreize für Ältere schaffen. Wir wollen zusammen mit den Senioren in Kooperation mit Internetanbietern, Medien und Verbänden mehr Medienkompetenz vermitteln und Risiken minimieren« (CDU 2009, 63). Verglichen mit den Positionen des 5. *Altenberichts* ist das allerdings ein eindeutiger Rückschritt: Die Zielsetzung von Lernen und Bildung im Alter, die sich in dieser Erklärung im Wesentlichen auf den Erwerb von Medienkompetenz reduziert, wird damit deutlich verkürzt.

Geragogik

Im klaren Unterschied dazu ist in der *Geragogik*, die sich als Wissenschaft vom Lernen im Alter, für und über das Alter versteht, der Bildungsbegriff sehr weit gefasst. Geragogische Leitvorstellungen über das Altern gehen davon aus, dass dieses sich in einem Spannungsfeld zwischen Individuum und Gesellschaft vollzieht. Wir haben beim Altern individuelle Gestaltungsspielräume, die zwar biografisch determiniert, aber dennoch beeinflussbar sind. Andererseits wird unser Altern beeinflusst durch zeitgeschichtliche und gesellschaftliche Bedingungen und Ereignisse, denn wir sind ein Teil dieser Entwicklungen. In der geragogischen Diskussion um ein angemessenes Verständnis der Altersbildung sind die Bestimmungsmerkmale von Bildung vielfältig thematisiert. Veelken (2003) etwa nennt als Aufgabe von Altersbildung die Entfaltung von Identität und die Auseinandersetzung mit altersspezifischen Entwicklungsaufgaben. Es wird von einem ganzheitlichen Bildungsbegriff ausgegangen, der nicht funktionalistisch ist und auch das hohe Alter im Blick hat (Bubolz-Lutz 2000a). Kade (2001, 2009) benennt als notwendige Orientierungen folgende Lernfelder, die als Ansatz- und Bezugspunkte für geragogische Konzepte geeignet erscheinen:

➤ *Biografie* mit dem Blickwinkel auf biografisches Lernen und Erinnerungsarbeit und dem Herstellen von Bezügen zwischen Geschichte und Lebensgeschichte sowie der Reflexion prägender Einflüsse auf die persönliche Entwicklung;

➤ *Alltag* mit dem Anliegen, Alltagszeit zu strukturieren, Alltagsräume zu gestalten, den Alltag durch Selbsthilfe zu bewältigen und Krisen zu meistern;

➤ *Kreativität* als häufig vernachlässigtes Anliegen im Lebenslauf, in Form von kreativer Rezeption und Produktion, als gestaltbarer Freiraum, für den im Alter bessere Bedingungen als jemals vorher bestehen;

➤ *Produktivität* in neuen Bezügen und verbunden mit einem erweiterten Produktivitätsbegriff, der Eigentätigkeit und soziale Nützlichkeit einschließt und vertraute, wie auch neue Rollen – sowohl im Sinne männlicher Berufs- als auch weiblicher Sorgekompetenz – eröffnet.

Damit zielt die Geragogik auf die Lebenssituation und Lebenswelt alternder Menschen und hat die Aufgabe, individuelle Ressourcen und Potenziale aufzugreifen, beziehungsweise ältere Menschen zu unterstützen, diese selbst zu erkennen und sie für sich sinnstiftend und ihre Lebenssituation stärkend einzusetzen. Hilfreich dabei ist die Reflexion lebensgeschichtlicher Erfahrungen, als wichtige Orientierungshilfe für die bewusste Gestaltung des weiteren Lebens sowie zur Entwicklung neuer Lern- und Lebensziele im Alter (Kricheldorff 2005).

Lernzugänge unter dem Aspekt von Inklusion und Exklusion

Damit ergeben sich für die Geragogik drei voneinander klar zu unterscheidende Lernzugänge, die jeweils unterschiedliche Bildungsprozesse initiieren:

Bildungsprozesse in der Geragogik

1. Bildung als Prozess des Erwerbs und der Erweiterung von Wissen (Kurse, Weiterbildung)
2. Bildung als Prozess des Erwerbs und Erhaltung von Kompetenz (Prävention, Kompetenztraining, Gesundheitssport)
3. Bildung als reflexiver und transformativer Prozess (Identitätsbildung, Biografisches Lernen)

➤ *Bildung als Prozess des Erwerbs und der Erweiterung von Wissen* verliert mit zunehmendem Alter an Bedeutung. Es ist die bevorzugte Form für bildungsgewohnte ältere Menschen, die dabei aber weitgehend unter sich bleiben. Dieser Zugang hat eine wichtige Funktion für ihre Nutzer, trägt aber den Charakter der Exklusion in sich und verstärkt eher Ungleichheiten (Disparitäten) in Lebensläufen.
➤ *Bildung als Prozess des Erwerbs und Erhalts von Kompetenz* richtet sich vor allem auf körperliche und mentale Fitness sowie auf eine gesunde Lebensweise. Entsprechende Bildungsangebote sind zumeist sehr funktional ausgerichtet im Sinne von »Anti-Aging« und Ernährung. Sie weisen hohe Zugangsschwellen für sozial und materiell benachteiligte Menschen auf. Von diesen werden solche Bildungsangebote zumeist erst dann genutzt, wenn sie vom Arzt im Fall bereits eingetretener Beschwerden oder nach schweren Erkrankungen »verordnet« werden.

➤ *Bildung als reflexiver und transformativer Prozess* zielt darauf, in geeigneten Strukturen und Bildungssettings die eigenen (Lebens-)Fragen stellen zu können, diese im Diskurs mit anderen zu bearbeiten und so in einem dritten Schritt neue Sichtweisen zu entwickeln. Es kann so zu einem Perspektivenwechsel in Bezug auf das eigene Leben und zu Einsichten in die gesellschaftliche Bedingtheit eigener Erfahrungen und Erlebnisse kommen. Es geht also um Selbstreflexivität und um das Erleben der eigenen Person in Übereinstimmung und im Unterschied zu anderen, die sich im gleichen Lernkontext bewegen. Diese Form von Bildungsangeboten kann sehr niederschwellig ausgerichtet und lebensweltlich verortet sein. Es braucht dazu aber geeignete und ermutigende Strukturen in Form von wohnortnahen Kommunikations- und Begegnungszentren, in denen Mitbestimmung und Mitverantwortung tragende Elemente sind. Die Ziele einer so ausgerichteten reflexiven Bildungsarbeit sind als parallele Prozesse zu beschreiben. Es geht einerseits um den Aspekt des Selbstbezugs im Sinne von Selbstvergewisserung, Selbstreflexion, Sinnfindung und Spiritualität. Dahinter steht das *Konzept der Entwicklung von Identität im Lebenslauf.* Andererseits geht es immer auch um den Sozialbezug, als Erfahrung von Zugehörigkeit, Teilhabe und Einbindung. Dahinter steht das *Konzept der lebenslangen Sozialisation* (Kricheldorff 2005).

Jeder dieser drei Zugänge bedient jeweils unterschiedliche Facetten der Altersbildung und stellt einen Wert an sich dar. Allerdings ist festzustellen, dass sich Bildungsangebote in der Praxis der Altersbildung oft in den beiden erstgenannten Ansätzen erschöpfen. Projekte, die einen Rahmen für biografisches Arbeiten und Lernen bieten, sind noch wenig verbreitet, sie nehmen aber zu. Soziale Inklusion durch Bildung kann aber vor allem dann erreicht werden, wenn Handeln und Reflexion verbunden werden und wenn Bildungsangebote

➤ an individuelle biografische Erfahrungen und Prägungen anknüpfen,
➤ als sinnstiftend erlebt werden und
➤ die unterschiedlichen Motiv- und Bedürfnislagen älterer Menschen berücksichtigen.

Vor allem, weil es inzwischen klare empirische Befunde gibt, die nachweisen, dass Bildungsbeteiligung im Alter einen großen Einfluss auf Gesundheitsverhalten, Sterbewahrscheinlichkeit und Lebenserwartung hat, gibt es gewichtige Gründe dafür, neue und geeignete Zugangswege für die Menschen in der

Praxis zu verankern, die mit den »klassischen« Bildungsangeboten bislang nicht erreicht werden. *Lebenslanges Lernen* kann so mit dem Anspruch auf soziale Inklusion verbunden werden (Schömann u. Leschke 2004).

Bildung im Alter, Gesundheit und Prävention

Der Zusammenhang zwischen Bildung und Lebenserwartung kann als evident bezeichnet werden. Menschen mit niedrigem Bildungsniveau können Krankheiten schlechter bewältigen, weil sie dafür weniger materielle, mentale und soziale Ressourcen zur Verfügung haben (Karl 2005). Ausgehend vom Ansatz der *Salutogenese* (Antonovski 1997) geht es deshalb bei der Bildungsarbeit mit älteren Menschen auch darum, bis ins hohe Alter ein ausreichendes Kohärenzgefühl zu erhalten – einen Zustand, in dem es eher gelingt, den zahlreichen Stressoren des Lebens sogenannte Widerstandsressourcen entgegenzusetzen. Dabei spielt der Einzelne mit seiner inneren Haltung, seinem Selbstwertgefühl, seinen persönlichen Ressourcen und der sozialen Einbindung die entscheidende Rolle. Nach Antonovski verfügen Menschen mit starkem Kohärenzgefühl über das Vertrauen,

➤ dass sie Ressourcen haben, um den Anforderungen des Lebens zu entsprechen *(Handhabbarkeit)*,

➤ dass die Ereignisse des Lebens erklärbar sind *(Erklärbarkeit)* und

➤ dass sich das Leben und die damit zusammenhängenden Anstrengungen lohnen *(Sinnhaftigkeit)*.

Bildung, die auf Identitätsentwicklung und Persönlichkeitsstärkung zielt, entspricht also dieser Logik der *Salutogenese*. Dieser offenkundig präventive Charakter von Bildungsarbeit mit Senioren führt allerdings zu einer neuen Debatte, die auf eine Verpflichtung zur Bildung im Alter zielt. Der *5. Altenbericht* (BMFSFJ 2005) betont im *Leitbild Prävention*, dass die Nutzung von Potenzialen des Alters darauf zielen sollte, dass die Menschen, die immer älter werden, das hohe Alter möglichst bei guter Gesundheit erreichen. In der Prävention liegt eine große Chance, ein langes Leben in guter Gesundheit selbstständig und mitverantwortlich zu führen.

Die Problematik einer solchen Forderung liegt klar auf der Hand. Sie weist im Umkehrschluss auch denjenigen die Eigenverantwortung zu, die dem Bild des aktiv gestalteten Alters nicht entsprechen können oder wollen. Das muss sehr kritisch betrachtet werden, weil es in der Konsequenz zu einer entsolidarisierten

Gesellschaft führen könnte, in der nur das Aktivitätsparadigma zählt und in der für Schwache und wirklich Alte dann kein Platz mehr ist. Die Verpflichtungsdebatte zeigt allerdings ganz deutlich die hohe Relevanz der Altersbildung für eine moderne, gemeinwesenorientierte Seniorenarbeit, die sich die Mobilisierung von Ressourcen älterer Menschen zum Ziel setzt (Karl 2005).

Lernfähigkeit und Bildungsbereitschaft im Alter

Die Frage nach der Lernfähigkeit im Alter ist eindeutig zu beantworten: Neurologen gehen von einer hohen geistigen Kapazität bis ins fortgeschrittene Alter aus, wenn nicht biologische Einschränkungen vorliegen (Seitelberger 1996). Von einer fortbestehenden Fähigkeit und Motivation zum Lernen im höheren Lebensalter kann inzwischen ausgegangen werden. Die »Bonner Altersforschung« von Thomae und Lehr (Lehr 1977) zeigte bereits in den 1970er Jahren, dass Defizitmodelle für das Lernen im Alter keinen Bestand haben. Die Lernfähigkeit verschlechtert sich nicht generell im Lebenslauf. Sie verändert sich nur in Bezug auf bestimmte Faktoren und Inhalte.

Spitzer (2003) bestätigt dies anhand von Ergebnissen der Neurowissenschaften: Im Alter verringert sich zwar die Lerngeschwindigkeit, doch langsameres Lernen steigert die Genauigkeit und ein größerer Erfahrungshintergrund verbessert die Integration des Gelernten in bestehende Wissensbestände. Insofern ist das kalendarische Alter kein Hinderungsgrund für die Altersbildung. Einschränkungen sind allenfalls bei hochbetagten Menschen zu erwarten. Für die geistige Leistungsfähigkeit im Alter ist vorrangig die eigene Biografie entscheidend. Es ist banal, aber dennoch festzuhalten, dass diejenigen Personen, die in ihrer bisherigen Biografie eher bildungsungewohnt waren, auch seltener im Alter den Zugang zu Bildung finden. Umgekehrt gilt natürlich, dass bildungsgewohnte Personen bessere Chancen haben, auch im Alter weiterzulernen. Es gibt also letztlich eine hohe interindividuelle Variabilität in der Lernkapazität im Alter. Die Lernvoraussetzungen im Alter sind stark von lernbiografischen Erfahrungen abhängig.

Eine andere wichtige Bedingung ist das eigene Bild über das Alter(n). Das Zutrauen in die eigenen Kompetenzen im Alter ist für die Bildungsbereitschaft förderlich. Daher ist es auch eine gesellschaftliche Aufgabe, das Interesse an einer kompetenten älteren Generation durch Schaffung geeigneter Bedingungen zu dokumentieren, da damit auch positivere Bilder über das Alter vermittelt werden.

Die Bestandsanalyse über die Bildungsbeteiligung älterer Menschen ist auf den ersten Blick ernüchternd: Nur eine Minderheit der »*jungen Alten*« nimmt an Weiterbildung teil. Zwischen 1996 und dem Frühjahr 1999 besuchten nur 25 Prozent der Befragtengruppe zwischen 50 und 75 Jahre eine Veranstaltung der außerberuflichen und beruflichen Weiterbildung. Mit steigendem Alter nimmt die Bildungsbeteiligung weiter ab (Schröder u. Gilberg 2005). Das heißt aber nicht automatisch, dass Lernen und Bildung im Alter von der Zielgruppe selbst für unwichtig gehalten werden, ganz im Gegenteil. In einer Studie über die *Offene Altenarbeit und die Altersbildung in den Wohlfahrtsverbänden* konnte nachgewiesen werden, dass über 90% der Befragten es für wichtig halten, auch im Alter weiterzulernen (Köster u. Schramek 2005). Dies bedeutet, dass es eine große Diskrepanz zwischen den Wünschen älterer Menschen nach Lernen und ihrer realen Beteiligung an Weiterbildungsmaßnahmen gibt. Gründe dafür könnten darin bestehen, dass die Angebote nicht wirklich den Bedürfnissen und Erwartungen Älterer entsprechen oder dass sie sich nicht an den prägenden Lernerfahrungen orientieren.

Allerdings wird sich zukünftig die Bildungsbereitschaft im Alter erhöhen. Die Nachfrage nach Bildung bei Menschen ab 60 Jahren wird sich aufgrund ihres besseren Gesundheitszustandes und ihrer höheren Bildungsabschlüsse deutlich steigern. Es ist damit zu rechnen, dass die Bildungsnachfrage von Menschen im Alter zwischen 50 und 75 Jahren von 4,1 Millionen auf 6,7–8,7 Millionen bis zum Jahr 2015 wachsen wird. Darüber hinaus werden die qualitativen Ansprüche älterer Menschen an Bildung zunehmen (Schröder u. Gilberg 2005). Bei der genauen Betrachtung bekannter Nutzerzahlen von Älteren an Bildungsprozessen zeigt sich aber auch, dass alle informellen Formen von Bildung dabei nicht erfasst und neue Lern- und Bildungssettings dabei nicht in den Blick genommen werden.

Spezifika einer nutzerorientierten Altersbildung

Nach Holzkamp (1993) wird Lernen verstanden als spezifische Form menschlichen Handelns, in dessen Rahmen sich das Individuum neue gesellschaftliche Bedeutungskonstellationen erschließt und dadurch eine erweiterte Handlungskompetenz erwirbt, die es ihm ermöglicht, seine Lebensqualität zu verbessern. Dieser Lernbegriff hat weitreichende Konsequenzen für die Altersbildung, denn er ist eng verknüpft mit am Gemeinwesen orientierten Ansätzen und damit auch intergenerationell angelegt. Ältere erhalten im freiwilligen und bürgerschaftlichen Engagement und im Austausch mit anderen Menschen aller Generationen neue Rollen und Aufgaben und dadurch auch eine neue Bedeutung. Der ganzheitliche Bildungsbegriff der *Geragogik* entspricht in seiner Offenheit dieser Logik. Er sieht ältere und alte Menschen nicht festgelegt auf ihre Rolle als potenzielle Bildungsnutzer, sondern setzt auch bewusst auf ihre Beteiligung. Die *Geragogik* orientiert sich an den individuell relevanten Lebensfragen. Ein Hauptziel besteht darin, Autonomie im Alter in Verbundenheit mit anderen Menschen zu ermöglichen (Köster u. Schramek 2004).

Altersbildung, die dieser Logik folgt, findet oft außerhalb der organisierten Angebote in selbstorganisierten Initiativen statt, die nach Kade (2001) per se Bildungsinitiativen sind. Weil Individuen im Rahmen ihrer selbstbestimmten Tätigkeit vor immer neue Herausforderungen gestellt werden, die Lernanlässe nach sich ziehen, entstehen schon alleine durch die Selbstorganisation von Älteren immer wieder neue Lern- und Bildungsbedarfe. Schäffter (1997) spricht in diesem Kontext von der *Irritation als Lernanlass*, der in selbstorganisierten Initiativen immer wieder gegeben ist und sinnvoller Weise aufgegriffen werden sollte. Er betont die Chancen und die bisher nicht genutzten Möglichkeiten, die nun im Sinne einer persönlichen Weiterentwicklung zu Bildungsanliegen werden können.

Neue Bildungssettings und -orte

Für eine Nutzung dieser brachliegenden Ressourcen braucht es aber Entwicklungsmöglichkeiten und Unterstützung durch geeignete Strukturen. Vor diesem Hintergrund werden Bildungssettings jenseits der traditionellen Bildungsanbieter und Lernorte wichtiger. Sie sind verortet in eher *privaten Lernzirkeln* und informellen Lernzusammenhängen, basierend auf selbstbestimmten, selbstgesteuerten oder selbstorganisierten Lernformen (Schäffter 2003, Bubolz-Lutz u. Rüffin 2001, Mallwitz-Schütte 2000). Es lässt sich insgesamt feststellen, dass die traditionellen Träger der Altersbildung, wie Volkshochschulen, kirchliche Bildungshäuser und Gemeindezentren, aber auch die Hochschulen mit den Angeboten des Seniorenstudiums, eine zwar sehr eindeutige und nicht unbedeutende, aber zahlenmäßig kleine Rolle spielen. Wichtiger werden vor dem Hintergrund einer breiteren Zielgruppenansprache neue Lernorte und Formen niederschwelliger oder »zugehender« Bildungsarbeit, die eher in der alltäglichen Lebenswelt verankert sind. Beispiele dafür können sowohl

Begegnungsstätten wie auch Mehr-Generationen-Häuser und Bürgerzentren sein. Wichtig sind der offene Charakter und die Möglichkeit der informellen Begegnung, aus der sich selbstorganisierte Gruppenzusammenhänge ergeben können. In diesem Kontext können Bildungsinteressen befriedigt werden, die an aktuellen Lebensthemen und relevanten eigenen Fragen anknüpfen. Diese werden im gemeinsamen Diskurs mit anderen bearbeitet, um daraus mögliche Einsichten in gesellschaftliche Zusammenhänge und Handlungsoptionen entwickeln zu können (Bubolz-Lutz 2007, Köster u. Schramek 2005). Dies bedeutet, dass in neuen Lernsettings den Gruppenprozessen verstärkt Raum, Zeit und Aufmerksamkeit geschenkt werden müssen.

Resumee

Das skizzierte Bildungsverständnis bildet die theoretische Basis für einschlägige Projekte in der aktuellen Fachpraxis, bei denen Lernen und Handeln miteinander verknüpft werden und neben der Erweiterung eigener Wissensbestände, auch Alltagsthemen und existenzielle Fragen im Mittelpunkt stehen (Burmeister et al. 2007, Bubolz-Lutz u. Kricheldorff 2006, BMFSFJ 2002). In diesem Kontext stellt sich die Frage nach der Sinnhaftigkeit einer Bildung im Alter neu. Es geht einerseits um den Gewinn, den der einzelne ältere Mensch daraus für sich ziehen kann, aber auch um den Nutzen, der dadurch für das Gemeinwesen erwächst. Diese beiden Aspekte gilt es, in eine neue Balance zu bringen – ohne *Verpflichtungsethik* und *Vereinnahmungstendenzen* der Gesellschaft. Nur wenn es gelingt, die Praxis der Altersbildung an einem solch breiten Bildungsverständnis auszurichten, wird es auch möglich sein, ältere Menschen anzusprechen und zu gewinnen, die bislang für Bildungsansätze nicht erreichbar waren. Eine so ausgerichtete Bildungsarbeit mit älteren und alten Menschen ist ganz sicher eine Investition in die Zukunft, denn sie führt zu mehr sozialer Teilhabe und zu größerer Lebenszufriedenheit. Das wiederum bewirkt langfristig eher Kosteneinsparungen im Pflege- und Gesundheitsbereich. Investitionen in die Bildung lohnen sich also – auch im Alter.

Literatur

Antonovski A (1997) Salutogenese: Zur Entmystifizierung der Gesundheit. Tübingen.
Arnold R (1999) Konstruktivistische Ermöglichungsdidaktik. In: Arnold R (Hg) Erwachsenen-pädagogik – Zur Konstitution eines Faches. Hohengehren 18–28.
Baltes P, Baltes M (1989) Erfolgreiches Altern: Mehr Jahre und mehr Leben. In: Baltes M, Kohli M, Sames K (Hg) Erfolgreiches Altern (1989) 5–10.
Barz H (2006): Bildung – Bemerkungen zur säkularen Wirklichkeit eines humanistischen Leit-begriffs. [http://www.phil-fak.uni-duesseldorf.de/ew/bf/dokumente/tagungen/Antrittsvorle-sung.pdf; Zugriff: 23.10.2009].
Becker S, Veelken L, Wallraven KP (Hg) (2000) Handbuch Altenbildung. Theorien und Kon-zepte für Gegenwart und Zukunft. Opladen (Leske+Budrich).
Bellmann L, Leber U (2004) Ältere Arbeitnehmer und betriebliche Weiterbildung. In: Schmid G (Hg) Arbeitsmarktpolitik und Strukturwandel: empirische Analysen. Nürnberg (Institut für Arbeitsmarkt- und Berufsforschung der Bundesagentur für Arbeit) 19–35.
Bertelsmann Stiftung/Bundesvereinigung der deutschen Arbeitgeberverbände (Hg) (2005) Beschäftigungschancen für ältere Arbeitnehmer. Internationaler Vergleich und Handlungs-empfehlungen. Gütersloh (Bertelsmann Stiftung).
BMFSFJ – Bundesministerium für Familie, Senioren, Frauen und Jugend (2005) Fünfter Be-richt zur Lage der älteren Generation in der Bundesrepublik Deutschland. Potenziale des Alters in Wirtschaft und Gesellschaft. Der Beitrag älterer Menschen zum Zusammenhalt der Generationen. Bericht der Sachverständigenkommission. Berlin.
BMFSFJ – Bundesministerium für Familie, Senioren, Frauen und Jugend (2002) Erfahrungs-wissen für Initiativen (EFI). Berlin.
Bubolz-Lutz E (2007) Geragogik – wissenschaftliche Disziplin und Praxis der Altersbildung. In: Deutsches Zentrum für Altersfragen (DZA) (Hg) Informationsdienst Altersfragen 34(5): 11–15.
Bubolz-Lutz E (2000a) Bildung und Hochaltrigkeit. In: Becker S, Veelken L, Wallraven KP (Hg) Handbuch Altenbildung. Theorien und Konzepte für Gegenwart und Zukunft. Opla-den (Leske+Budrich) 326–349.
Bubolz-Lutz E (2000b) Selbstgesteuertes Lernen (SGL) in der Praxis einer Bildungsarbeit mit Älteren. Frankfurt (Deutschen Instituts für Erwachsenenbildung) 65–93.
Bubolz-Lutz E, Kricheldorff C (2006) Freiwilliges Engagement im Pflegemix – neue Impulse. Freiburg.
Bubolz-Lutz E, Rüffin HP (2001) Ehrenamt – eine starke Sache. Selbstbestimmtes Lernen Äl-terer für ein selbstgewähltes ehrenamtliches Engagement. Begründungen, Erfahrungen, An-stöße. Montabaur.
Burmeister J, Heller A, Stehr I (2007) Weiterbildung älterer Menschen für bürgerschaftliches Engagement als seniorTrainer/in. Ein Kurskonzept für lokale Netzwerke. Köln (ISAB-Schriftenreihe: Berichte aus Forschung und Praxis Nr. 104).
CDU – Christlich Demokratische Union (2009) Wachstum. Bildung. Zusammenhalt. Der Koalitionsvertrag zwischen CDU, CSU und FDP. 17. Legislaturperiode. Eingesehen unter: http://www.cdu.de/doc/pdfc/091026-koalitionsvertrag-cducsu-fdp.pdf.
Deutscher Ausschuss für das Erziehungs- und Bildungswesen (1960) Zur Situation und Auf-gabe der deutschen Erwachsenenbildung. Stuttgart (Klett).
Fuchs G, Bangali L (Hg) (2003) Förderung der Beschäftigungsfähigkeit älterer Fachkräfte in

Baden-Württemberg. Stuttgart (Akademie für Technikfolgenabschätzung in Baden-Württemberg).

Gukenbiehl HL (1998) Bildung und Bildungssystem. In: Schäfer B, Zapf W (Hg) Handwörterbuch zur Gesellschaft Deutschlands. Opladen (Leske+Budrich) 89–102.

Holzkamp K (1993) Lernen. Subjektwissenschaftliche Grundlegung. Frankfurt und New York.

Kade S (2001) Selbstorganisiertes Alter. Bielefeld.

Kade S (2009) Altern und Bildung. Eine Einführung. 2. aktualisierte und erweiterte Auflage. Bielefeld.

Karl F (2005) Bildung und Engagement der Älteren – Eine verheißungsvolle Zukunft? Hessische Blätter für Volksbildung. Die Erwachsenenbildung vor der demographischen Herausforderung. Hessischer Volkshochschulverband 55(3): 205–213.

Köster D (2005) Bildung im Alter ... die Sicht der kritischen Sozialwissenschaften. Die Zukunft der gesundheitlichen, sozialen und pflegerischen Versorgung älterer Menschen. In: Klie T, Buhl A, Entzian H, Hedtke-Becker A, Wallrafen-Dreisow H (Hg) Die Zukunft der gesundheitlichen, sozialen und pflegerischen Versorgung älterer Menschen. Frankfurt a.M. (Mabuse) 95–109.

Köster D, Schramek R (2005) Die Autonomie des Alters und die Konsequenzen für zivilgesellschaftliches Engagement. Hessische Blätter für Volksbildung 5(3): 226–237.

Kolland F (2005) Bildungschancen für ältere Menschen. Ansprüche an ein gelungenes Leben. Münster.

Kricheldorff C (1999) Zwischen Teilhabe und Rückzug: Die Potentiale alter Menschen und die Förderung von Engagement. Altern braucht Orientierungen. Hrsg. Roland Haenselt und Adelheid Kuhlmey. Schriftenreihe der Fachhochschule Neubrandenburg.

Kricheldorff C (2005) Biografisches Arbeiten und Lernen. Lebensgeschichtliche Prägungen als Ressourcen. Pflegemagazin 6(4): 4–12.

Lehr U (1977) Die Thematik der Bildung in der Gerontologie. Aktuelle Gerontologie 7: 343–361.

Malwitz-Schütte M (Hg) (2000) Selbstgesteuertes und selbstorganisiertes Lernen in der wissenschaftlichen Weiterbildung älterer Erwachsener. Frankfurt (Deutsches Instituts für Erwachsenenbildung).

Riley MW, Riley JW (1994) Individuelles und gesellschaftliches Potential des Alterns. In: Baltes PB. u.a. (Hg) Alter und Altern: Ein interdisziplinärer Studientext zur Gerontologie. Berlin (de Gruyter) 437–459.

Schäffter O (1997) Irritation als Lernanlass. Bildung zwischen Helfen, Heilen und Lehren. In: Krüger HH u.a. (Hg) Bildung zwischen Markt und Staat. Opladen (Leske+Budrich) 691–708.

Schäffter O (2003) Selbstorganisiertes Lernen – eine Herausforderung für die institutionalisierte Erwachsenenbildung. In: Witthaus U, Wittwer W, Espe C (Hg) Selbstgesteuertes Lernen. Theoretische und praktische Zugänge. Bielefeld 69–90.

Schömann K, Leschke J (2004) Lebenslanges Lernen und soziale Inklusion – der Markt alleine wird's nicht richten. In: Becker R, Lauterbach W (Hg) Bildung als Privileg? Erklärungen und Befunde zu den Ursachen der Bildungsungleichheit, Wiesbaden (VS Verlag) 353–391.

Schröder H, Gilberg R (2005) Weiterbildung Älterer im demographischen Wandel: empirische Bestandsaufnahme und Prognose. Bielefeld.

Seitelberger F (1996) Lebensstufen des Gehirns. Neurobiologische Aspekte. In: Zapotoczky HG, Fischhof KP (Hg) Handbuch der Gerontopsychiatrie. Wien New York (Springer).

Spitzer M (2003) Hirnforschung: Lernen im Alter. Apotheken Umschau 9: 45–47.
Veelken L (2003) Reifen und Altern – Geragogik kann man lernen. Regensburg.

Korrespondenzadresse:
Prof. Dr. Cornelia Kricheldorff
Katholische Fachhochschule Freiburg
Karlstr. 63
D-79104 Freiburg i. Br.
E-Mail: *cornelia.kricheldorff@t-online.de*

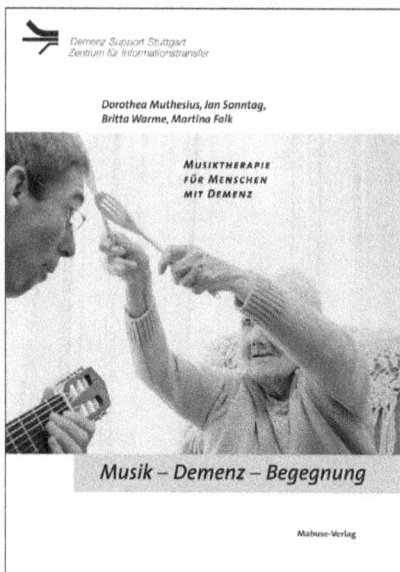

Bildung im Alter
Eine gestalttherapeutische Perspektive

Elisabeth Bubolz-Lutz (Düsseldorf)

Zusammenfassung

Bildung aus gestalttherapeutischer Sicht meint im Sinne von Selbstbildung: *Wahrnehmen, was ist, entdecken, dass etwas möglich ist,* und *erproben, was geht.* Mit dieser einfachen Formel zeigt sich, worauf es der Bildung im Alter ankommt: Die Ausgangslage realistisch anzuschauen und dann neue Perspektiven für das Alter zu entwickeln und Handlungsfelder zu finden, um das Leben sinnerfüllt und kreativ zu gestalten. Damit wird Bildung zu einem Lebenselixier und gleichzeitig zu einer anspruchsvollen Herausforderung. Die *Humanistische Psychologie* und speziell die *Gestalttherapie* geben den Konzeptionen von Bildungsarbeit mit Älteren und sehr alten Menschen in mehrfacher Hinsicht wichtige Impulse. Sie akzentuieren ein an dem Entwicklungs- und Entfaltungsmodell orientiertes Menschenbild, das auch im Alter trägt, sie bieten mit ihren aktivierenden Verfahren ein vielfältiges methodisches Know-how und bieten zudem Anhaltspunkte zur Definition der Aufgaben von Personen, die Bildungsprozesse mit Älteren im Sinne einer Entwicklungsbegleitung auf Augenhöhe anregen wollen.[1]

Stichworte: Entwicklungsaufgaben, Gestalttherapie, Bildungsarbeit mit kreativen Medien, Geragogik

Abstract: Education in old age. A gestalt perspective

Considering education in the context of art therapy can, in the sense of educating oneself, be equalized with: *to perceive what exists, to discover that something is possible* and *to try out what works.* This simple formula reveals the main features of education for the elderly: to realistically esti-

---

[1] Bezug genommen wird hier auf den Aufsatz von Bubolz-Lutz E (2008) Gestalttherapeutische Arbeit mit Menschen im fortgeschrittenen Alter. In: Hartmann-Kottek L (Hg) Gestalttherapie. 2. Auflage. Berlin Heidelberg (Springer) 371–385.

mate the initial position in order to develop new perspectives for age and to find spheres of activity for designing a meaningful and creative life. Hence, education turns into a life elixir and, at the same time, into a demanding challenge. *Humanistic psychology*, especially *art therapy*, offers important impulses to concepts of educational work with older and very old people in several regards. They accentuate an idea of man that is oriented on the model of development and evolvement, which also applies in aging; their activating procedure offers a multifaceted methodical know-how and, furthermore, presents indications for defining tasks of people who want to stimulate the educational process of senior citizens in the sense of a supervision of development at eye level.

Key words: development tasks, art therapy, educational work with creative media, geragogy

Einleitung

Bildung geschieht nicht nur durch Vorträge und in Seminaren, sondern durchwirkt das Leben bis ins hohe Alter hinein. Das Bildungsverständnis bleibt – bezogen auf das Alter – nicht im Akademischen verhaftet, es schließt vielmehr das kreative Element der Gestaltung des eigenen Lebens mit ein. Im Sinne des Ansatzes *Humanistischer Psychologie* sind die Begriffe von Lernen, Bildung und Entwicklung eng miteinander verknüpft. In diesem Sinne wird Bildung als kontinuierliche lebensbegleitende Entwicklungs- und Gestaltungsaufgabe aufgefasst. Die Auseinandersetzung mit sich selbst, dem Gegenüber, der Umwelt hört im Alter nicht auf. Sie gewinnt jedoch eine andere Qualität, bedingt durch veränderte äußere Faktoren, aber auch durch veränderte Einstellungen und Ressourcen. Deshalb braucht Bildung im Alter besondere Formen, die diese Qualität zum Tragen bringen. Sie braucht aber auch eine neue Akzentsetzung, einen Zugang, der Neugier und Gestaltungskräfte der Älteren weckt und der das Alter als eine Lebensphase beschreibt, in der es noch vieles zu entdecken gibt.

Mit der *Entgrenzung* des Pädagogischen und der Verbreitung der an einem ganzheitlichen Menschenbild orientierten »Geragogik« als wissenschaftlicher Disziplin vom Lernen im Alter, über das Alter und mit alten Menschen scheinen auch in der Bildungsarbeit mit Älteren und von Älteren verstärkt die Leitbilder der Humanistischen Psychologie auf. Dies zeigt sich etwa in den Vorstellungen von Entfaltungsmöglichkeiten vor allem im geistig-spirituellen

Bereich bis ins sehr hohe Alter hinein. Ebenso finden die vielfältigen aktivierenden Verfahren der Psychotherapie in der Bildungsarbeit ihren Nieder-
schlag. Sie werden von Geragoginnen und Geragogen verwendet, die durch
entsprechende Zusatzausbildungen mit den Verfahren vertraut sind und diese
bewusst »dosiert« im Sinne einer Entwicklungsbegleitung und Anregung
zur Reflexion anbieten. Hierbei wird auf eine Integration von Wissen und
Erleben gesetzt unter Beachtung der Abstinenz gegenüber tief(er) greifenden
therapeutischen Prozessen.

Im Folgenden werden exemplarisch einige Prinzipien und Verfahren aus
der Gestalttherapie vorgestellt, die das Bildungsverständnis in Bezug auf
das Altern mit geprägt und sich in der Bildungsarbeit mit alten Menschen
bewährt haben. Dabei wird hier – im Sinne von Kricheldorff in diesem Heft
– ein eher weit gefasstes Bildungsverständnis zugrunde gelegt. Es impliziert,
dass Bildungsarbeit nicht nur in dafür vorgesehen Bildungsinstitutionen – in
Seniorenakademien, Volkshochschulen, Familienbildungsstätten – stattfindet, sondern auch in der »offenen« Seniorenarbeit, im Sozialraum, in der
Altenpflege oder auch im privaten Raum.

Das Ganzheitsprinzip – alle Sinne ansprechen

Die Humanistische Psychologie sieht den Menschen als lebendiges, organis-
misches System mit einer körperlichen, seelischen und geistigen Dimension
(Perls 1948). Diese genannten Dimensionen werden als eine »Ganzheit«
verstanden. Unter Bezugnahme auf diese Vorstellung und unter Rückgriff auf
gerontologische Forschungsergebnisse, die die Notwendigkeit einer multiplen
Stimulierung gerade für alte Menschen belegen (Lawton u. Nahemow 1973),
formuliert die *ganzheitliche Geragogik* das Postulat, möglichst alle Sinne
anzusprechen (Klingenberger 1992). In der Praxis werden die genannten
Dimensionen durch spezielle Verfahren einzeln oder miteinander kombiniert
gezielt angesprochen: der körperliche Aspekt z.B. durch bewegungs- oder
atemtherapeutische Ansätze (Hartmann-Kottek 2008, 237ff), der seelische
Aspekt durch emotionszentrierte Verfahren wie Gestaltdrama, Totenklage und
Trauerarbeit (Petzold 1985, 500ff) und die geistige Dimension etwa durch die
Übung von Achtsamkeit. Häufig werden die verschiedenen Verfahren mitei-
nander kombiniert, um *Bewegung* von verschiedenen Seiten her anzuregen
– und dies mit guten Effekten. So zeigten sich in einem Forschungsprojekt der
Psychogerontologin Perrig-Chiello (2005, 196) die Vorteile ganzheitlichen

Lernens: Personen im Durchschnittsalter von 71 Jahren, die an einer Theaterwerkstatt teilnahmen, lernten ihre Texte nach einer Lernmethode, in der die perzeptuellen, emotionalen, motivationalen und sozialen Kompetenzen angesprochen wurden. Diese Methode erwies sich dem traditionellen Auswendiglernen gegenüber als erheblich effektiver.

Auch in der Arbeit mit Demenzerkrankten hat dieser multimodale Ansatz besonderen Sinn. Während hier verbale Ansätze kaum greifen, wirken Musik, Kunst und Bewegung anregend, vor allem dann, wenn sie an biografische Erfahrungen anknüpfen.

In der Praxis der Bildungsarbeit mit älteren Menschen kommt der Beachtung der unterschiedlichen Sinneskanäle besondere Bedeutung zu. Vielfach ist die Hör- und Sehfähigkeit eingeschränkt, was eine dann häufig zu beobachtende erhöhte Irritierbarkeit oder auch das »Abschalten« älterer Teilnehmender erklärt. Erfahrungen mit einer auf ganzheitliches Erleben gerichteten Bildungsarbeit zeigen, wie belebend sich die unterschiedlichen Sinneserfahrungen auswirken. So hat einer ganzheitlichen Ansprache stets eine Erkundung vorhandener Voraussetzungen zur Aufnahme und Verarbeitung von Informationen vorauszugehen, und dann ist möglichst abwechslungsreich vorzugehen.

Das Kontextprinzip – entwicklungsförderliche Bedingungen schaffen

In der Gestaltpsychologie wird der Mensch als »Figur auf seinem jeweiligen Hintergrund« beschrieben. Seine Identitätsentwicklung wird als eng verwoben mit seinem Kontext angesehen. Die *ökologische Gerontologie* erhärtet einen solchen Verständniszugang. Sie geht davon aus, dass ältere Personen, deren Mobilität eingeschränkt ist, in besonderer Weise auf geeignete Kontexte angewiesen sind. Institutionen der Altenpflege, aber auch Wohnformen, bei denen Menschen in ihrer Privatwohnung isoliert leben, erweisen sich oftmals als entwicklungshinderlich. Die Erwachsenenbildnerin Sylvia Kade beschreibt vier typische Mangelsituationen, die vor allem im sehr hohen Alter auftreten:

➤ Mangel an Orientierung, wenn Ansprache und Informationen ausbleiben,

➤ Mangel an Kommunikation, wenn Heimbewohner sich nur zum gemeinsamen Fernsehen treffen oder wenn alte Menschen nur unter sich bleiben und wenn keine Kontaktmöglichkeit mit anderen Generationen besteht,

➤ Mangel an Erfahrungen, wenn immobile Ältere ihr Zimmer kaum noch verlassen und

➤ Mangel an Aufgaben, wenn Älteren nicht mehr zugetraut wird, einen Beitrag für die Gemeinschaft oder Gesellschaft zu leisten (Kade 2007).

Einer Bildungsarbeit kommt somit die Aufgabe zu, den verschiedenen Kompetenzen und Bedarfslagen Älterer entsprechende entwicklungsförderliche Kontexte bereitzustellen. Durch gezielte ökologische wie auch soziale Interventionen soll es alten Menschen erleichtert werden, sich als Gestaltende und somit als selbstwirksam zu erleben. Das Konzept einer sozialräumlich orientierten Senioren- und Stadtteilarbeit greift diesen Ansatz auf: In Projektvorhaben werden Ältere angeregt, die Gestaltung ihres eigenen Lebensraumes allein und mit anderen gemeinsam in die Hand zu nehmen. Gemeinschaftliche Aktionen – auch im intergenerationellen Dialog – vermeiden Isolation und wirken so den gesellschaftlichen Tendenzen der Exklusion (d.h. Ausschließung) entgegen, von denen vor allem ältere alleinstehende immobile Frauen bedroht sind (Kohli et al. 2000).

Aufgabe der Geragogen ist es, Vorhaben zu fördern, die von den Älteren selbst ersonnen werden. Diese Vorhaben zeigen vielfach die eigenen Lebensinteressen, z.B. was die Erörterung der Frage nach geeigneten Wohnformen angeht. Geragogen begleiten die Selbstorganisation solcher Gruppierungen, sie unterstützen sie bei auftretenden Schwierigkeiten und stehen klärend dabei zur Seite. Erwachsenen- und Seniorenbildung hat hier die Funktion, für das Engagement von älteren Bürgerinnen und Bürgern geeignete Rahmenbedingungen (Räumlichkeiten, Materialien usw.) bei Bedarf zur Verfügung zu stellen. In diesem Sinne nimmt Bildungsarbeit Aufgaben einer Kontext- und Lebensweltgestaltung wahr und trägt so – zuweilen auch nur durch Anreize zum Engagement oder zur Bestandsaufnahme von »Baustellen« – zur Veränderung von Lebensverhältnissen im Alter bei. Bildungsanbieter schaffen nach dem Kontextprinzip Möglichkeiten zu Begegnungen und zu einem anregenden Umfeld.

Das Selbstregulationsprinzip – die Fähigkeit zur Selbststeuerung unterstützen

Systemische Ansätze begreifen im Zusammenhang mit der Humanistischen Psychologie den Menschen als »selbstreferentielles System«: auf Störungen von außen reagiert der Organismus mit der Tendenz, sich immer wieder neu in ein (vorläufiges) Gleichgewicht zu bringen. Solche Modelle lassen sich auch in der gerontologischen Forschung finden. So wird etwa angenommen, dass nicht erhöhte Anforderungen im Alter zu Problemen führen, sondern vielmehr die Nicht-Verfügbarkeit entsprechender Ressourcen, um angemessen auf Probleme zu reagieren. Die Bildungsarbeit mit Älteren richtet sich auf die Erhaltung und Stärkung der Selbstregulationsfähigkeit (*Empowerment-Ansatz*) und auf die Entdeckung und Nutzbarmachung von inneren und äußeren Ressourcen. Das Individuum selbst – und dies ist entscheidend – wird als verantwortlicher Akteur begriffen. Der Einzelne selbst bestimmt und gestaltet sein eigenes Altern wesentlich mit. Dort, wo Selbstorganisationsfähigkeit nicht genügend vorhanden oder eingeschränkt ist oder wo Ressourcen nicht verfügbar sind, ist eine entsprechende Entwicklungsbegleitung notwendig.

Die besondere geragogische Herausforderung besteht darin, den Prozess der Selbstbalancierung so behutsam zu begleiten, dass sich das Gegenüber selbst als Gestalter seines eigenen Lernprozesses und seiner eigenen Entwicklung erleben kann. Nach ihrer Struktur und Intention eignen sich Selbsthilfegruppen und Initiativen des Bürgerengagements in besonderer Weise dazu, Selbstorganisation und die Erschließung von Ressourcen und Eigeninitiative zu entwickeln (Bubolz-Lutz u. Kricheldorff 2006, Steiner 2009). Die »Definitionsmacht« liegt hier bei den Älteren selbst, ganz gleich, ob ein Initiator aus den »eigenen Reihen« oder ein professioneller Geragoge den Anstoß zum Engagement gibt.

Mit dem Prinzip der Selbstorganisation korrespondiert der didaktische Ansatz des »Selbstbestimmten Lernens« in Gruppen (Mörchen u. Bubolz-Lutz 1999). Nach diesem Prinzip sind es die Lernenden selbst, die die Ziele, Inhalte und Methoden des eigenen Bildungsprozesses bestimmen. Dem Lernbegleiter kommt die Aufgabe zu, den Teilnehmenden Anregungen und Anreize zum Lernen zu geben, ihre Neugier zu wecken, ihnen die Möglichkeit zu bieten, sich geeignete Lernmethoden anzueignen, die ihren Kompetenzen und Ressourcen entsprechen. Es gilt, hier ein anderes Lernverständnis einzuführen, das Mut macht, Ungewöhnliches zu äußern und Neues zu erproben: Lernen als Entdecken dessen, was möglich ist. Untersuchungen belegen, dass es vor allem denjenigen Älteren, die bisher eher selten Bildungsveranstaltungen besucht haben, an Vertrauen in die eigene Lernfähigkeit mangelt (Will 1995). Durch die Entwicklung einer wertschätzenden Beziehung zwischen Geragogen und älterem Lernenden, einer fehlerfreundlichen Lernatmosphäre, die zum Experimentieren und

Erkunden einlädt, und durch Bereitstellung von Informations- und Arbeitsmaterialien wird es älteren Teilnehmenden möglich, neue wichtige Lernerfahrungen zu machen und Vertrauen in die eigene Lernfähigkeit zu entwickeln. In der Bildungsarbeit mit hochaltrigen, gebrechlichen oder stark verletzbaren Patienten sollte deren Belastbarkeit und Selbstorganisationsfähigkeit nicht überschätzt werden.

Der Geragoge arbeitet hier ressourcen- und nicht defizitorientiert. Emotionale Unterstützung ist dabei ebenso angesagt wie eine Haltung, die zu einem gemeinsamen Entdecken von Ressourcen einlädt. Allein schon die Einübung einer ressourcenorientierten Perspektive (»Was kann ich?« statt »Was kann ich nicht mehr?«) kann die Einstellung zum eigenen Altern verändern. Durch die positive emotionale Erfahrung in einer auf Augenhöhe angelegten Beziehung findet der Lernende leichter zum Vertrauen in die eigenen Ressourcen: die Wertschätzung des Lernbegleiters ermutigt ihn, seiner eigenen Lebensgeschichte und seiner Lebensleistung gegenüber Wertschätzung entgegenzubringen und daraus Kraft für seine weitere eigenständige Lebensgestaltung zu gewinnen (vgl. Ansatz der wertschätzenden Erkundung bei Klingenberger u. Wenzel 2007).

Das Wachstumsprinzip – zur inneren Reifung ermutigen

Entwicklung und inneres Wachstum sind bis zum Tod möglich. Von dieser Erkenntnis der »life span developmental psychology« ausgehend lässt sich der Entwicklungsprozess im Alter auch als ein Prozess der Entfaltung von Potenzialen fassen (Baltes 1990).

In der institutionellen Bildungsarbeit mit Älteren wird dieser Prozess durch »biografisches Lernen« angeregt. Neben dem Wissenserwerb (Kurse, Weiterbildung) und Angeboten zur Verhaltensänderung (Kompetenztraining, Gedächtnistraining, Gesundheitssport) stoßen die auf (Selbst-) Reflexion und Identitätsbildung angelegten Angebote auf wachsendes Interesse. Biografisches Lernen in Gruppen ermöglicht Selbstvergewisserung, Selbstreflexion und Sinnfindung und kann gleichermaßen ein Gefühl der Zugehörigkeit, der Teilhabe und Einbindung vermitteln (Kricheldorff 2005a, 2005b, 2007).

In dieser Bildungsform richtet sich der Blick auf die lebenslang erworbenen Kompetenzen und auf die lebensgeschichtlichen Erfahrungen zu zentralen Lebensfragen:

➤ Wie bin ich zu der/dem geworden, die/der ich bin?
➤ Wie bin ich heute und was habe ich aus meinem Leben gelernt?
➤ Was habe ich hinter mir und was möchte ich hinter mir lassen?
➤ Welche noch offenen Fragen und unbewältigten Probleme stellen sich mir?
  (Kade 2007, 72)

Aus solchen Reflexionen erwachsen neue Orientierungen für eine bewusste Gestaltung des weiteren Lebens bis ins hohe Alter. Zur biografieorientierten, gestalttherapeutischen Bildungsarbeit eignen sich vor allem Wahrnehmungsübungen und kreative Methoden. Die bekannteste ist wohl die Methode des Lebenspanoramas (Leifels 2006) sowie generell der Einsatz kreativer Medien (Bubolz 1979). Der Lebenslauf kann:

➤ in Erzählform wiedergegeben werden. Es handelt sich dann um die mündliche Wiedergabe von Lebensgeschichten, persönlichen Erfahrungen und Erlebnissen z.B. in einer Erzählwerkstatt.
➤ in Formen der Verschriftlichung erarbeitet werden. Das Verfassen von autobiografischen Texten kann in Gruppen, in Einzelarbeit und mit Unterstützung und Begleitung z.B. durch eine Autobiografiker-Schreibwerkstatt erfolgen.
➤ in Form von Theaterszenen mit spielerischen Mitteln inszeniert werden. Im Spiel werden Gefühle, Erfahrungen und Erlebnisse spielerisch umgesetzt; dies gilt sowohl für das Puppenspiel wie auch für das psychodramatische Rollenspiel (Kricheldorff 2007).

Biografische Bildungsarbeit bietet einen Rahmen für die Reflexion und Präsentation des eigenen Lebenslaufs im Sinne einer Bestandsaufnahme und Zwischenbilanz und zum Erkennen des »roten Fadens« im eigenen Leben.

Beispiel für einen Dialog in einer Biografie-Gruppe nach Zeichnung des eigenen »Lebensbaumes« mit einer 69 Jahre alten Frau (Bubolz-Lutz 2008, 379)

Geragogin (G): *Versuchen Sie, mit Ihrem Lebensbaum in einen Dialog zu treten!*
Teilnehmerin (T): *Du bist schon auf ein schönes Alter gekommen.*
G (für den Lebensbaum sprechend): *Das kann man wohl sagen. Es ist auch schon manches Ästchen abgebrochen und mancher Ast ist morsch.*

T: *Wie lange wirst du das noch durchstehen mit all den schweren Ästen, dem vielen Laub, den Winden, der Sommerhitze?*
G: *Mein Stamm ist noch recht solide, und wenn kein Wirbelsturm kommt ... Die Herbststürme sind mir schon schwer für mich ...*
T (weint ein bisschen): *Der Herbst ist schon weit fortgeschritten.*
G: *Was sagt der Lebensbaum dazu?*
T (als Lebensbaum): *Noch sind meine Blätter bunt und meine Wurzeln stark. Der Winter gibt mir Zeit zum Träumen.*

Kommentar:
Der gespielte Dialog mit einem eigenen Werkstück (hier Lebensbaum) bietet eine Möglichkeit zum Erleben von eigenen – vielleicht unbekannten und abgespaltenen – Teilen des eigenen Selbst. Er kann geführt werden mit dem Werk selbst, mit einzelnen Aspekten des Gestalteten oder auch von einem Teil eines Werkstücks zu einem anderen Teil. Möglich ist auch der Dialog zwischen verschiedenen selbst gestalteten Werkstücken. Die Form des Dialogs ermöglicht einerseits eine Darstellung des eigenen Standpunkts und macht andererseits – durch Identifikation mit dem Gegenstand – die Integration von zuvor als nicht zugehörig erlebten Aspekten des eigenen Selbst erforderlich.

Das Sinnprinzip – das Wertvolle des Alters entdecken helfen

C. G. Jung hat bereits früh darauf verwiesen, dass seine älteren Patienten nicht an abgrenzbaren neurotischen Erkrankungen, sondern an Sinn- und Wertproblemen litten. In der Folgezeit hat die Sinndimension in psychotherapeutischen Konzepten eine zentrale Bedeutung erhalten wie etwa in der Logotherapie. Im Alter scheint die existenzielle Dimension noch stärker als in anderen Lebensphasen in den Vordergrund zu rücken und fordert zu einer persönlichen Standortbestimmung heraus (Ruhland 2006). Eine neuerliche Sinnvergewisserung wird mit zunehmendem Alter notwendig, weil der bisher benutzte Wertmaßstab eines »erfolgreichen, produktiven Lebens« zu dem Erleben von Abbau, körperlichen Erkrankungen und Einschränkungen nicht mehr passt. Angesichts einer zu erwartenden Zeit, in der man dahinsiecht, von Pflege abhängig ist und dem Tod näher kommt, verlieren leistungsorientierte Lebensentwürfe ihre Gültigkeit und müssen durch andere ersetzt werden. Spätestens mit dem Eintritt in die nachberufliche Lebensphase gilt es also hier, eine Werteorientierung zu entwickeln, mit der auch das Erleben der Schattenseiten des Daseins als Entwicklungsherausforderung betrachtet werden kann. In der Lebensphase nach Beruf und Kindererziehung, in der die meisten Älteren finanziell abgesichert sind, werden aber häufig auch erstmals im Leben Freiräume erlebt, in denen eine ausgedehnte Selbstbesinnung möglich ist.

Das Konzept der *Salutogenese* (Antonovsky 1997) hat aus Sicht der Gesundheitswissenschaften die große Bedeutung von Sinnkonstruktionen unterstrichen: Eine gesunde Entwicklung wird dadurch begünstigt, dass die Lebensereignisse und -umstände verstehbar und handhabbar sind und als bedeutsam eingeschätzt werden können. Auf dieser Vorstellung aufbauend wird – vor allem innerhalb einer biografisch orientierten Bildungsarbeit mit älteren Menschen – die Auseinandersetzung mit dem eigenen Lebenslauf angeregt. Er kann als bedeutsam eingeschätzt werden, wenn er nachvollziehbar wird. Dabei können folgende Fragestellungen hilfreich sein:

➢ Wie deute ich meinen Lebensweg und meine derzeitige Lebenssituation?
➢ Welche weiteren Deutungsoptionen könnte es geben? Für welche Perspektive entscheide ich mich jetzt?
➢ Welche Folgen ergeben sich daraus für die Gestaltung meines Lebens – jetzt und in Zukunft?

Bildungsarbeit bietet einen Rahmen, innerhalb dessen sich Sinn- und Deutungshorizonte (wieder-)entdecken lassen, mit denen das eigene Altern und die gegenwärtige Lebenssituation neu bewertet werden können. Auch spirituelle Aspekte, die eine sinnstiftende Beziehung zu einem größeren Ganzen eröffnen, haben hier ihren Ort (zum Ansatz einer *Transpersonalen Geragogik* siehe Ruhland 2006). Hier nimmt die Auseinandersetzung mit Sinnfragen innerhalb von Gruppen, die sich kontinuierlich in ähnlicher Zusammensetzung treffen und in denen ein Gefühl von Zugehörigkeit entsteht, einen besonderen Platz ein. Das Erleben von sozialer Eingebundenheit erhöht die Offenheit und die Lernmotivation (Deci u. Ryan 1993). So ist es Aufgabe des Geragogen, die Entwicklung von reflexiven Milieus zu unterstützen, in denen ein Gefühl von Zugehörigkeit erlebbar wird, in denen aber auch die Selbstbestimmung der Teilnehmenden besteht und damit auch die freie Entscheidung, sich zu beteiligen wie auch sich nicht zu beteiligen. Derartige kontinuierliche Reflexionsgruppen gibt es häufig im kirchlichen Kontext, z.B. in Frauen- und Familienkreisen. Sie sind vielfach selbstorganisiert und finden im privaten Raum statt. Ihre Funktion im Alter ist noch nicht hinreichend erforscht, es kann aber angenommen werden, dass diese Form der Bildungsarbeit für bildungsgewohnte, geistig rege alleinstehende Personen einen besonders hohen gesundheitsförderlichen Stellenwert besitzt.

Identitätsentwicklung –
Anregen von (Selbst-)Reflexion und Engagement

Mit den fünf Säulen der Identität hat Petzold als Wegbereiter der humanistisch orientierten *Integrativen Therapie* (Petzold 1985, 145) ein eingängiges Modell vorgelegt, das mit einem einfachen Bild die Grundfesten die Persönlichkeit illustriert. Als »Support-Säulen der Identität« werden skizziert:
➤ die Leiblichkeit des Menschen,
➤ sein soziales Netz,
➤ Materielles,
➤ seine Arbeit und
➤ seine Werte.

Folgt man Petzold, so stehen Ältere nach dem Übergang in die nachberufliche und nachelterliche Phase bis zu ihrem Lebensende vor der Gefahr, dass einzelne Säulen zu »wackeln« beginnen bzw. »wegbrechen«. Die Herausforderung des Alters besteht darin, die eigene Identität, das Bewusstsein für das eigene Selbst, immer wieder neu auszubalancieren (Steinfort 2006 und in diesem Heft). Einige »typische« Faktoren tragen jedoch zur Verunsicherung der persönlichen Identitätsentwicklung im Alter bei:
➤ Einbußen der Gesundheit,
➤ ein sich ausdünnendes und damit immer weniger tragfähiges soziales Netzwerk,
➤ der Verlust des Lebenspartners,
➤ nachlassende Leistungsfähigkeit,
➤ Mangel an Bewährungs- und Betätigungsmöglichkeiten sowie Rollen,
➤ Wegbrechen materieller Sicherheiten und
➤ Verunsicherung in Bezug auf Werte und Lebenssinn.

Bildungsarbeit kann die Verunsicherungsfaktoren nicht beseitigen, wohl aber benenn- und damit bearbeitbar machen. Die Irritationen, die sich sowohl durch die o.g. persönlichen Einschnitte als auch durch den gesellschaftlichen Wandel insgesamt einstellen, veranlassen ein Nachdenken und darüber hinaus möglicherweise auch ein konkretes Handeln, etwa in Form eines bürgerschaftlichen Engagements (Konzept »Irritation als Lernanlass«, Schäffter 2001). Äußerlich sichtbare Aktivitäten sind für ein geglücktes Leben ebenso wichtig wie geistig-seelische Entwicklungen. Entsprechend konstatiert Rosenmayr in seinem Ansatz zu einer *Theorie des Alterns*: »Wer nicht Gestaltung wagt, der gewinnt auch nicht Gestalt« (Rosenmayr 2005, 37). So ist die Ausübung einer sinnerfüllten Tätigkeit im Alter eine wichtige Option der Identitätsentfaltung.

Aber nicht jeder misst einem *aktiven* Leben die gleiche Bedeutung bei. Generell sind Menschen dann zufriedener, wenn sie ihren bisherigen Lebensstil beibehalten können. Demnach kann angenommen werden: Eher Passive fühlen sich durch den Rollenverlust im Alter tendenziell entlastet, eher extrovertierte Personen brauchen zu ihrer Lebenszufriedenheit eine hohe Rollenaktivität. Besonders für die letztgenannten bietet sich die Übernahme einer neuen beruflichen Tätigkeit oder eines freiwilligen Engagements an. Hierdurch können sie ihre Potenziale einbringen und Anerkennung von außen erfahren, aber auch Neues hinzulernen und Kompetenzen entwickeln, die im bisherigen Leben eher zu kurz gekommen sind.

Leitfragen, um Lebenszufriedenheit zu entwickeln, sind:
➤ Was für ein Engagementtyp bin ich, was stellt mich zufrieden?
➤ Welches Verhältnis von Aktivität und Muße entspricht mir?
➤ Welche Potenziale möchte ich weiterentwickeln?
➤ Welches Engagement kann mir Freude bereiten?

Freiwilliges Engagement im Alter kann über die Ausdifferenzierung des sozialen Netzwerks identitätsstärkend wirken. Untersuchungen belegen, dass die Älteren, deren soziales Netz familienzentriert bleibt, über eine geringere Lebenszufriedenheit verfügen (Filipp u. Mayer 1999). Unter günstigen Bedingungen können ein freiwilliges Engagement und das damit verbundene kontinuierliche Lernen die Identitätsentwicklung fördern:
➤ Auf der persönlichen Ebene: Eigene Kompetenz wird erlebt und die psychische Verletzbarkeit kritischen Lebensereignissen gegenüber sinkt.
➤ Auf der sozialen Ebene: Zugehörigkeit und Eingebundensein in eine Initiative vermitteln Lebensfreude und stärken die Lernmotivation.
➤ Auf der dinglich-räumlichen Ebene: Hier entsteht das Gefühl, im eigenen Lebensraum *sicher* zu sein.
➤ Auf der gesellschaftlichen Ebene: Es entwickelt sich das Bewusstsein, einen wertvollen Beitrag zur Entwicklung des Gemeinwohls zu leisten.

Leitfragen in Bezug auf das freiwillige Engagement können sein:
- Was ist mir etwas wert? Was möchte ich »in die Welt« bringen?
- Welche Aktivitäten sind notwendig? Wo herrscht ein akuter Bedarf, dass ich mich engagieren möchte?
- In welchen Zusammenhängen möchte ich mein Anliegen umsetzen (innerhalb einer Institution oder Organisation, in einer selbstorganisierten Initiative) und welche Mitstreiter kann ich zur Umsetzung gewinnen?

Geragogische Förderung des Bürgerengagements in altershomogenen und generationsübergreifenden Zusammenhängen geschieht vornehmlich durch die Schaffung entwicklungsförderlicher Rahmenbedingungen, wie z. B. durch:
- fachliche Beratung, Begleitung und Supervision,
- Vorbereitung auf die Tätigkeit, in der zunächst die eigenen Stärken, Schwächen und Interessen im Mittelpunkt stehen. (Hier sind gestaltpädagogische Ansätze zur Selbstwahrnehmung und Selbstexploration hilfreich.)
- Förderung eines Klimas in Gruppen, durch das es ermöglicht wird, Konflikte offen zu bearbeiten und gemeinsame Visionen zu entwickeln.

Grundsätzlich gilt es zu realisieren, dass Menschen im Alter *nicht beschäftigt sein*, sondern etwas *schaffen* wollen. Aufgabe in der Bildungsarbeit ist es, die Schaffenskräfte zu wecken, zu ermutigen und Rahmenbedingungen für eine *kreative Produktivität* zu geben. Besonders die jetzt nachwachsende Generation der »jungen Alten« ist sehr an einer Selbstentwicklung und an Mitgestaltungsmöglichkeiten interessiert. Engagement scheitert auf lange Sicht, wo ältere Freiwillige für Zwecke der Institution *in den Dienst genommen* werden, ohne ihnen Gestaltungsspielräume zu überlassen und die Übernahme von (Teil-)Verantwortung zu erlauben. Gleichzeitig ist zu berücksichtigen, dass die Tendenz besteht, sich im Alter nicht auf ein Engagement festzulegen und keine dauerhaften Verpflichtungen einzugehen. Angebote zur Fortbildung in Bezug auf das selbstgewählte Engagement sind aber vielfach erwünscht und werden von den Freiwilligen als Anerkennung erlebt. Aktivierende Verfahren der Gestalttherapie – speziell jene, die den eigenen Zugang zur »Innenwelt« erleichtern und Anreize geben, sich auszudrücken – bieten sich dazu an. Das folgende Beispiel zeigt, dass Bildungsarbeit nicht nur in größeren Gruppen, sondern auch im Dialog stattfinden kann, wenn eine Teilnahme an Veranstaltungen nicht mehr möglich ist (Bubolz-Lutz 2008, 379).

Beispiel für eine gestalttherapeutisch orientierte biografische Arbeit mit Poesie (Einzelarbeit mit einer 87-jährigen fast blinden Frau)

Geragogin (G): *Ich habe Ihnen heute einen Liedtext mitgebracht, der mir vor einigen Tagen in die Hände gefallen ist. Soll ich ihn Ihnen vorlesen? Sie kennen das Lied vielleicht. Es ist ein Abendlied.*

Teilnehmerin (T): *Ja, gerne, ich höre Sie so gerne lesen!*

G: *Abend wird es wieder*
Über Wald und Feld
Säuselt Frieden nieder
Und es schläft die Welt.
Nur der Bach ergießet
Sich am Felsen dort ...

(Es wird das ganze Lied langsam und klar vorgelesen.)

T: *Das war ein schönes Lied. Ja, ich kenne es.* (Sie singt die erste Strophe.)

G: *Ich finde, der Text fängt den Abendfrieden gut ein.*

T: *Ja, das stimmt. Ich entsinne mich da an viele friedliche Abende. Ich habe viele Jahre auf dem Land gelebt, müssen Sie wissen. Wenn dann abends der Nebel aus den Wiesen steigt, das war schon schön.*

G: *Ja, stellen Sie sich das ruhig vor, wie das war.*

T: *Sehen kann ich das ja alles nicht mehr, aber ich kann's mir jetzt gut vorstellen. Da zieht einem der Friede richtig ins Herz. Glauben Sie mir, der Friede ist schwer zu behalten. Sehr schwer! Ich habe eben zu viel Schmerzen, und dass ich nicht sehen kann ...*

G: *Ich weiß, aber Sie können doch mit dem inneren Auge sehen.*

T: *Ihre Gedichte helfen mir sehr dabei. Manchmal sage ich mir auch welche vor mich hin. Ich kann nur zu wenig. Lesen Sie's mir bitte noch mal.*

G: *Gerne.*

Kommentar:

Das Vorgehen bei solchen Sitzungen mit Hochbetagten ist vom Fassungsvermögen und von der Ansprechbarkeit der Klienten bestimmt. Es ist hilfreich, möglich regelmäßig bekannte Texte mitzubringen, weil sich daran leichter anknüpfen lässt. Eine Arbeit mit bekannten Gedichten und Liedern »aus früheren Zeiten« (möglich in Form von Tonkassetten) lässt sich auch mit solchen Personen durchführen, die sich sprachlich nicht mehr gut ausdrücken, aber noch gut hören können. Der vertraute

Klangkörper erreicht die Menschen ganzheitlich und wirkt oftmals entsprechend nach.

Erst langsam finden auch zugehende Bildungsansätze Eingang in die geragogische Praxis, etwa im Rahmen einer »zugehenden Bildungsarbeit« mit hochbetagten Personen, die ihre Wohnung nicht mehr verlassen können und die z.B. durch Jüngere, die sie zu Hause aufsuchen, in Umgang mit dem Computer eingeführt werden (vgl. das Projekt »Mouse-Mobil« [www. mousemobil.de/Materialien.html]; »Lernpartnerschaft mit Menschen im 4. Alter«, Eichhorn-Kösler 2004). Während in psychotherapeutischen Settings Einzelgespräche schon den Regelfall darstellen, steht die Entwicklung einer auf den Dialog ausgerichteten Lern- und Entwicklungsbegleitung und -beratung Älterer im Kontext von Bildungsangeboten erst am Anfang.

Abschließende Bemerkungen

Die Vorstellungen der *Humanistischen Psychologie* und speziell der *Gestalttherapie* von »Subjektivität« und »Intersubjektivität« haben das Verständnis nachhaltig geprägt, wie die *Begegnung* mit sich selbst und mit anderen zum zentralen Element der Bildung für ältere und sehr alte Menschen werden kann. Bildungsarbeit mit und von Älteren realisiert sich in Formen von Zweierbeziehungen, innerhalb von Gruppen und in Informationsveranstaltungen, aber auch durch die Informations- und Austauschmöglichkeiten, die die neuen Medien bieten. Neben altershomogenen Angeboten werden inzwischen auch intergenerationelle Initiativen gefördert, in denen Alt und Jung voneinander lernen können und sich gegenseitig ihre Kompetenzen zur Verfügung stellen. Grundsätzlich haben sowohl die altershomogene als auch die altersheterogene Zusammensetzung von Gruppen ihren Sinn. Altersspezifische Themen lassen sich zuweilen leichter im geschützten Kreis von Gleichaltrigen besprechen. Altersheterogene Kontexte sind besonders geeignet, um sich Zeitfragen und gesellschaftlichen Entwicklungen gegenüber zu öffnen. Sie geben den Älteren auch die Möglichkeit, Generativität einzuüben und sich ihrer Bedeutsamkeit für die nachwachsende Generation zu vergewissern.

Der Ansatz der *Humanistischen Psychologie* führt zu einer speziellen Akzentsetzung bei der Bildung im Alter. Für die Älteren geht es darum, neue Sinn-, Handlungs- und Bewegungsräume zu erschließen und Freiräume zu finden, in denen Eigenes geschaffen werden kann. Für diejenigen, die Bildungsarbeit anstoßen und begleiten, geht es vor allem darum, über das Angebot von Wissenserweiterung hinaus das Erfahrungswissen Älterer einzubinden, aber auch neue Erfahrungen zu ermöglichen. Damit die Chancen von Entwicklung und Wachstum im Alter allgemein erkannt und wahrgenommen werden, ist es notwendig, Reflexionsräume bereitzustellen und die Älteren zum Austausch mit den Jüngeren zu ermutigen.

Es ist zu wünschen, dass sich zwischen der auf Interdisziplinarität hin angelegten Geragogik und der wachstumsorientierten Gestalttherapie der fachliche Austausch kontinuierlich intensiviert. Es bietet sich an, die Verfahren der *Humanistischen Psychologie* in der Bildungsarbeit mit älteren und sehr alten Menschen gezielt zu erproben. Die evaluierten Erfahrungen aus dem Bildungsbereich können aber auch für Psychotherapeuten Anregungen bieten.

Literatur

Antonovsky A (1997) Salutogenese. Zur Entmystifizierung der Gesundheit. Tübingen (DGVT).

Baltes P (1990) Entwicklungspsychologie der Lebensspanne: Theoretische Leitsätze. Psychologische Rundschau 41: 1–24.

Bubolz E (1979) Methoden kreativer Therapie in einer integrativen Psychotherapie mit alten Menschen. In: Petzold HG, Bubolz E (Hg) Psychotherapie im Alter, Paderborn (Junfermann) 343–382.

Bubolz-Lutz E (2008) Gestalttherapeutische Arbeit mit Menschen im fortgeschrittenen Alter. In: Hartmann-Kottek L (Hg) Gestalttherapie. 2. Aufl. Berlin Heidelberg (Springer) 371–385.

Bubolz-Lutz E, Kricheldorff C (2006) Freiwilliges Engagement im Pflegemix – neue Impulse, Freiburg (Lambertus).

Deci E, Ryan RM (1993) Die Selbstbestimmungstheorie der Motivation und ihre Bedeutung für die Pädagogik. Zeitschrift für Pädagogik 39(2): 223–238.

Eichhorn-Kösler E (2004) Lernpartnerschaft mit Menschen im 4. Alter. SenJour 1: 39–40.

Filipp SH, Mayer AK (1999) Bilder des Alters. Stuttgart (Kohlhammer).

Kade S (2007) Altern und Bildung. Eine Einführung. Bielefeld (Bertelsmann).

Klingenberger H (1992) Ganzheitliche Geragogik. Ansatz und Thematik einer Disziplin zwischen Sozialpädagogik und Erwachsenenbildung. Bad Heilbrunn (Klinkhart).

Klingenberger H, Wenzel FM (2007) Wertschätzende Erkundung. Ein ressourcenorientierter Blick auf l(i)ebens-werte Gemeinden. In: KBE (Hg) L(i)ebens-wert! Lernort Gemeinde. Anstößiges rund um Werte. Gemeindeentwicklung und die (künftige) Rolle der Erwachsenenbildung. Dokumentation der Fachtagung 10.u.11. Januar 2007. Bonn, 80–89 (http://www.kbe-bonn.de/fileadmin/Redaktion/Bilder/Projekte/Wenzel_Endversion.pdf).

Kricheldorff C (2005a) Biografisches Lernen – Neuorientierung durch die Auseinandersetzung mit der eigenen Lebensgeschichte. BAGSO-Nachrichten 1: 14f.

Kricheldorff C (2005b) Biografisches Arbeiten und Lernen. Lebensgeschichtliche Prägungen als Ressourcen. Pflegemagazin 6(4): 4–12.

Kricheldorff C (2007) Bildung als reflexiver und transformativer Prozess: Biografisches Lernen. Vortrag am 28.3.2007 in Innsbruck (unveröffentlicht).

Kohli M, Künemund H, Motel A, Szydek M (2000) Soziale Ungleichheit. In: Kohli M, Künemund H (Hg) Die zweite Lebenshälfte. Opladen (Leske & Budrich) 318–326.

Leifels M (2006) Versöhnung mit dem Leben. Biografisches Arbeiten mit alten Menschen. Eine Fortbildung für haupt- und ehrenamtliche MitarbeiterInnen in der Arbeit mit Senioren. Eschweiler (IHP Manuskripte).

Lawton MR, Nahemow L (1973) Ecology and adaption in the aging process. In: Eisdorfer C, Lawton MR (Hg) Psychology of the aging process. Washington (American Psychological Association).

Mörchen A, Bubolz-Lutz E (1999) Wege zum selbstorganisierten Lernen in Gruppen. In: Bergold R, Knoll J, Mörchen A (Hg) »In der Gruppe liegt das Potential« – Wege zum selbstorganisierten Lernen. Würzburg (Echter) 29–52.

Perls F (1948) Ego, hunger and aggression. Durban.

Perrig-Chiello P (2005) Kreativität – k(eine) Alters- und Geschlechtsfrage? Psychologische Reflexionen und empirische Befunde. In: Bäurle P (Hg) Spiritualität und Kreativität in der Psychotherapie mit älteren Menschen. Bern (Hans Huber) 189–197.

Petzold H (1985) Der Verlust der Arbeit durch die Pensionierung als Ursache von Störungen und Erkrankungen – Möglichkeiten der Intervention durch Soziotherapie und Selbsthilfegruppen. In: Petzold H (Hg) Mit alten Menschen arbeiten. Bildungsarbeit, Psychotherapie, Soziotherapie. München (Pfeiffer) 123–158.

Petzold H, Bubolz E (Hg) (1979) Psychotherapie im Alter. Paderborn (Junfermann).

Rosenmayr L (2005) Zwischen Entropie und Kreativität – Bausteine zu einer Theorie des menschlichen Alterns. In: Bäurle P (Hg) Spiritualität und Kreativität in der Psychotherapie mit älteren Menschen. Bern (Hans Huber) 27–48.

Ruhland R (2006) Sinnsuche und Sinnfindung im Alter als geragogische Herausforderung, Münster (Lit).

Schäffter O (2001) Weiterbildung in der Transformationsgesellschaft. Grundlegung zu einer Theorie der Institutionalisierung. Baltmannsweiler.

Steiner I (2009) Familiäre Pflege und zivilgesellschaftliches Engagement: Unterstützung nach dem Empowermentansatz – das Beispiel Pflegebegleitung. Unveröffentlichtes Manuskript.

Steinfort J (2006) Identitätsfördernde Faktoren im Bürgerschaftlichen Engagement in der nachberuflichen Phase. Forum Erwachsenenbildung 1: 39–44.

Will J (1995) Selbstvertrauen und Interessenspotentiale: Bestimmungsfaktoren für selbstgesteuertes Lernen auch im Alter? In: Mader W (Hg) Altwerden in einer alternden Gesellschaft – Kontinuität und Krisen in biographischen Verläufen. Opladen (Leske & Budrich) 215 –232.

http://www.mousemobil.de/Materialien.html.

Korrespondenzadresse:
Prof. Dr. Elisabeth Bubolz-Lutz
Forschungsinstitut Geragogik
Spichernstr. 18a
D-40479 Düsseldorf
E-mail: *bubolz-lutz@fogera.de*

Andreas Jacke Theo Piegler

Stanley Kubrick Mit Freud im Kino

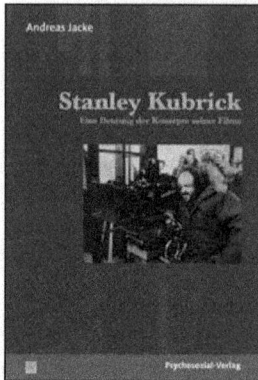

2009 · 359 Seiten · Broschur
ISBN 978-3-89806-856-7

2008 · 262 Seiten · Broschur
ISBN 978-3-89806-876-5

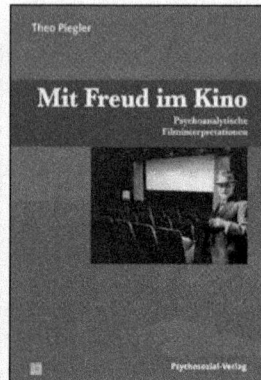

Stanley Kubrick (1928–1999) gehört zweifellos zu den wichtigsten Regisseuren der zweiten Hälfte des 20. Jahrhunderts. Doch sind seine Filme voller Rätsel: Was bedeutet der Monolith in »2001: A Space Odyssey« (1968)? Warum stürzt eine Blutwelle aus der Fahrstuhltür in den Flur eines Hotels in »The Shining« (1980)? Weshalb erschlägt Alex in »A Clockwork Orange« (1971) eine Frau mit einem riesigen Plastik-Phallus? Was hat der Arzt Bill Hartford in »Eyes Wide Shut« (1999) nachts maskiert bei einer dekadenten Sex-Orgie verloren? Das Buch möchte versuchen, diese Fragen zu beantworten, und beschreibt das gesamte Werk eines Mannes, dem es gelungen ist, zwischen Kunst und Kommerz, zwischen Arthaus-Kino und Hollywood über Jahrzehnte hinweg immer wieder perfekte Filme zu drehen, die einen ganz eigenen Ausdruck haben.

Das Buch lädt den Leser ein, Filme Seite an Seite mit dem Begründer der Psychoanalyse zu erleben und zu genießen. Diese Perspektive ist in besonderer Weise geeignet, den ganzen Reichtum von Filmen zu erfassen. Neben einer Darstellung der Beziehung von Film und Psychoanalyse werden internationale Filme der letzten fünf Jahrzehnte aus psychoanalytischem Blickwinkel betrachtet. Beiträge des Stuttgarter Psychoanalytikers Peter Kutter und des Berliner Filmemachers Christian Schidlowski runden das Buch ab.

Der Text verbindet in gut verständlicher Form Film und Psychoanalyse und kann so nicht nur als Einstieg in die Psychoanalyse, sondern auch als psychoanalytische Interpretationshilfe beim Betrachten von Filmen genutzt werden.

Walltorstr. 10 · 35390 Gießen · Tel. 06 41 - 96 99 78 - 18 · Fax 06 41 - 96 99 78 - 19
bestellung@psychosozial-verlag.de · www.psychosozial-verlag.de

Lernen nach der Erwerbsphase aus bildungswissenschaftlicher Sicht

Solveig Haring (Graz)

Zusammenfassung

In diesem Beitrag soll auf die unterschiedlichen Bedeutungen und Möglichkeiten des Lernens im Alter eingegangen werden. Mit einem erweiterten Lernbegriff kann *Lernen ein Leben lang* für Individuum und Gesellschaft sehr nützlich sein. Lerninhalte und Bildungsziele der Zukunft sind Lernen für zukünftige bürgerschaftliche Rechte und Pflichten, finanzielle und gesundheitliche Selbstständigkeit und das Bedienen von Internet-Kommunikations-Technologien. Dass wir *für das Leben lernen*, ist als wichtiges Zukunftsmodell zu sehen – wir lernen nämlich, um länger und qualitätsvoller zu leben und um gesellschaftlich zu partizipieren. Aus verschiedenen Perspektiven soll auf die inhomogene Gruppe der älteren Lernenden und deren diverse Bildungsbedürfnisse geblickt werden.

Stichworte: ältere Lernende, Bildung, lebenslanges Lernen, diversity, Neue Medien

Abstract: Learning after retirement – an educational view

The concept of lifelong learning can be useful for individuals and society but it requires a broader definition of learning. This article shows the importance and diverse possibilities of learning in later life. Learning outcomes are to increase literacy on citizenship, financial and health matters as well as ICT. The notion of learning *for* living can be seen as a future model of learning didactics – that is to say, we are learning to live longer, with contentment and fully socially included. This article considers the inhomogeneous group of the older learners and their different educational needs.

Key words: the older learner, education, life long learning, diversity, robotics, new media

Müssen wir Roboter bedienen lernen?
Der *CARE-O-BOT* – ein Praxisbeispiel

Das deutsche Fraunhofer-Institut forscht schon seit über zehn Jahren an einem Roboter-Assistenzsystem für die Unterstützung im Alltag[1]. Die Prototypen dieser Roboter wurden im Kontext mit der Hilfsbedürftigkeit im Alter entwickelt. Das technische System soll ein eigenständiges Leben unterstützen: Holen, Greifen, Heben und Halten sind im Haushalt die Roboterarbeiten. Steuern, Absichern und Überwachen sind seine Aufgaben in der häuslichen Infrastruktur.

Die Videos über den Prototypen zeigen: Das Alter ist weiblich, die portraitierte alte Frau ist alleinstehend, trotz noch vorhandener Mobilität benötigt sie Unterstützung im Haushalt. Via Telemedizin hat sie regelmäßigen Kontakt zu ihrem Arzt. E-Mails empfangen und verschicken, surfen im Web und auch Video spielen wie die EnkelInnengeneration – all das kann die Darstellerin im Video. Die als finanziell gut abgesicherte und ehemalige Architektin dargestellte Frau bekommt dann auch noch Besuch von einem älteren Mann, der einen Strauß Blumen bringt. Der Roboter öffnet die Tür und stellt die Blumen weg. Es scheint beinahe, als hätte das Fraunhofer-Institut mit diesem Prototypen eines Roboters gleichzeitig den Prototypen eines *alten Menschen* kreiert. Die Robotik-ForscherInnen gehen dabei von Altersbildern aus, die die AltersforscherInnen schon längere Zeit als Konstrukte und Problemkontexte entlarvt haben (Amrhein u. Backes 2007).

Die technologische Entwicklung solcher Roboter sollen GerontologInnen und auch ältere Menschen selbst mit Interesse, aber auch kritisch verfolgen. Noch sind Roboter keine Alltagsgegenstände. Doch wenn es in einer der nächsten Altersgenerationen soweit ist, sollten wir auch im fortgeschrittenen Alter fähig sein, Computermaus, Joystick und Touchscreen zu bedienen – also doch Roboter bedienen zu lernen und zumindest zu wissen, wie man sie ausschaltet.

Lebenslanges Lernen

Als sich der Begriff *Lebenslanges Lernen* in den 1960er Jahren entwickelte, sah man in Europa die Notwendigkeit, Lernen für jede Lebensphase anzu-

---

1 Vgl. www.care-o-bot.de, Fraunhofer-Institut.

passen und informelles und formales Lernen miteinander zu verbinden. In den darauf folgenden 40 Jahren wurde der Schwerpunkt des Lernens im Erwachsenenalter jedoch auf die für den Arbeitsmarkt verwertbare formale Fortbildung und auf die Erwachsenenbildung gelegt. Erst in den letzten Jahren wird *Lebenslanges Lernen* auf die gesamte Lebensspanne und damit auch auf das Leben nach der Erwerbstätigkeit bezogen. Wenn davon gesprochen wird, dass Lernen das gesamte Leben begleitet, heißt das, alle Lernaktivitäten und alle Lernkontexte, institutionell oder informell, werden in die heutige Praxis und Forschung des *Lebenslanges Lernens* miteinbezogen. Dieser offene Lernbegriff bietet die Möglichkeit, Lernen auch im späteren Lebensalter als wichtigen Beitrag zur Steigerung der Lebensqualität zu sehen.

Auch oder gerade weil nach dem 65. Lebensjahr die Verwertbarkeit des Erlernten für die Arbeitsgesellschaft nicht mehr im Vordergrund steht, hat Lernen im Alter Sinn, es steigert die soziale Partizipation, die Mobilität und das Wissen über Möglichkeiten, sich gesund zu erhalten (Tippelt et al. 2009). In Ältere zu investieren, ist heute in Europa ein wichtiger Grundsatz in der Bildungsdiskussion. Die Diskursachse Bildung, finanzielle Absicherung und Gesundheit zeigt, dass wenig Bildung mit weniger Einkommen und mit schlechterer Gesundheit gekoppelt ist. Mehr Bildung bewirkt eine bessere finanzielle Absicherung und dabei auch ein erhöhtes Bewusstsein, sich mit Gesundheitsvorsorge auseinanderzusetzen. Bildung verlängert das Leben und erhöht die Qualität der späteren Jahre.

Lernen oder Bildung?

Lernen ist der aktive Prozess des Aneignens von Wissen und Informationen und des Reflektierens dieser Aktivität. Lernen ist eine Fähigkeit. Bildung ist dem Lernen übergeordnet. Bildung ist der lebenslange Entwicklungsprozess eines Menschen. Wir bilden uns. Bildung und Lernen sind Prozesse, die unabhängig und mündig machen und die Handlungskompetenz erweitern.

Es ist verkürzt, von einem vorherrschenden und einem alternativen Lernbegriff zu sprechen, die Diskussionen um den komplexen Begriff Lernen sind divers wie der Begriff selbst.

Nicht zu lernen ist unmöglich, wenn wir vom Lernen als einem erfahrungsgeleiteten Prozess ausgehen. Nicht gebildet zu sein, ist eine Stigmatisierung, sie verweist auf einen Diskurs, durch den Wissenskontexte hierarchisiert und damit bewertet werden. Es geht darum, wer das Richtige und wer das

Falsche weiß. Bildung wird oft in einem exklusiven formalen Kontext gesehen. Diejenigen, die sich die Aneignung des exklusiven Wissens – vor allem an westlichen Universitäten – finanzieren können, sind als privilegiert zu betrachten. Den Gebildeten wird eine sehr gute berufliche Karriere prognostiziert. Doch was geschieht, wenn Lernen und Bildung nicht mehr auf eine zukünftige berufliche Karriere abzielen?

Der bisherige Alternsbildungsdiskurs wird von Weiterbildungskonzepten, die auch für Berufstätige gelten, beeinflusst, es geht um die Verwertbarkeit von Bildung und um das Nützlichmachen. Dem gegenüber stehen die Lernenden, die durch den Ausstieg aus dem Erwerbsleben auf eine Steigerung der Lebensqualität und Lebenszufriedenheit hoffen. Sie befinden sich jedoch in einem Dilemma: Denn Arbeit hat den Lebenssinn und dadurch die Lebenszufriedenheit (auch unbewusst) geprägt, und sie fragen sich:

»Wer bin ich, wenn ich mich nicht mehr über meine Arbeit definieren kann? Wo habe ich im gesellschaftlichen Raum Einfluss, wenn die sozialen Beziehungen nicht mehr über die Erwerbsarbeit geregelt sind?« (Wouters 2006, 21)

Jene, die dieses Dilemma sehen, die PädagogInnen, SoziologInnen etc., haben dafür schon lange einen Ausweg programmiert: Das Lernen im Alter bringt diesen Lebenssinn zurück, weil es auf die gleiche Weise das fortsetzt, was die Arbeit für die Menschen bedeutet hat, nämlich eine Lebensaufgabe, eine Routine, eine Beschäftigung und schließlich dadurch auch einen Lebenssinn.

Lernen: Formal und informell

Lernen wird heutzutage verstärkt in ein formales und ein informelles Lernen unterteilt, auch wenn es diese Unterscheidung schon seit den 1950er Jahren gibt (Dohmen 2001, 50). Formale Bildung ist institutionalisiert und meint Schulbildung, Berufsausbildung inklusive universitärer Ausbildung und jedes systematisch organisierte Lernen. Hier geht es um Abschlüsse, Zertifikate und Zusatz-Qualifikationen. Dieses Lernen besteht aus allen möglichen didaktischen Maßnahmen, jedoch sind die Rahmenbedingungen klar, das Ziel ist, sich erwerbsorientiert zu qualifizieren.

Informelles Lernen hingegen ist handlungsorientiert, biografiebezogen, erfahrungsgeleitet und zielt auf mehr Lebensqualität ab. Informelles Lernen eignet sich deswegen auch sehr gut für die Phase nach dem Berufsleben (Kuwan et al. 2009, 59ff).

Neben sensiblen VermittlerInnen oder Lehrenden wird hier auch eine lernanregende Umwelt benötigt, die die Lernenden in den Mittelpunkt stellt.

Die Rahmenbedingungen sollen auf die Lernenden zentriert sein und von ihnen selbst gestaltet werden. Sicherlich finden sich informelle Lernprozesse auch in der formalen Bildung, dennoch wird informellem Lernen erst jetzt größere Bedeutung zugeschrieben. Das gilt vor allem für das Lernen im Alter.

Die Zielgruppe älterer Lernender und die Lernziele

Die demografische Dominanz älterer Menschen zieht eine Neubewertung der späteren Lebensphasen nach sich und führt zu positiven Zuschreibungen der Jugendphase. Ältere Lernende sind keine homogene Gruppe, doch manchmal werden sie gegenüber den jüngeren Lernenden als solche konstruiert. Auch die jüngeren Lernenden sind keine Gruppe an sich. Ähnlichkeiten und Abweichungen sind oft willkürlich und widersprüchlich, sie können leicht zu Kategorisierung und auch Diskriminierung führen (Göckenjan 2000, 12ff, Amrhein u. Backes 2007).

Versuche der Zwangshomogenisierung der Altersphase verstärken die bereits in der Gesellschaft manifestierten Stereotypen: Alte Menschen brauchen Betreuung und »bauen ab«, sie haben Erfahrungswissen und ein ausgeprägtes Urteilsvermögen und besitzen einen hohen Realitätssinn etc. Diese Zuschreibungen schränken ein, mögen sie auch individuell manchmal zutreffen. Für das Lehren und Lernen muss die Verschiedenheit älterer Menschen an erster Stelle wahrgenommen werden, sonst besteht die Gefahr, dass zu wenige Menschen angesprochen werden.

Die Diversität in der Gruppe älterer Lernender wird durch Altersunterschiede, soziale und ethnische Zugehörigkeit, geschlechtspezifische Sozialisation und biografische bzw. lebenskontextuelle Unterschiede sowie durch individuelle Handlungsmuster definiert. Erst jetzt beginnen PädagogInnen und ErwachsenenbildnerInnen das Konzept der *diversity* auf die neu entdeckte Lernenden-Zielgruppe ältere Menschen anzuwenden. Diversity heißt Vielfalt, Diversität Mannigfaltigkeit (Krell et al. 2007, 8). Der Begriff bezieht sich auf die vielfältigen Identitäten, Lebensweisen, Lebensausdrücke, Unterschiedlichkeiten von Individuen – durch den dadurch offeneren Zugang zu lernenden Individuen hofft man, die (soziale) Partizipation zu erhöhen. Diese

Vielfalt muss auch in den Lernzielen Berücksichtigung finden, um die es in der weiteren Folge geht.

Lernen öffnet Horizonte. Lernziele für die Nacherwerbsphase und Hochaltrigkeit

Phrasen wie Alters-Sabbatical (oder Altersteilzeit), *Work-Life Balance* oder intergenerationelle Arbeitssettings verlieren mit der Beendigung der Erwerbsphase auch ihre Bedeutung. Dann geht es nicht mehr um Integration oder Beteiligung am Arbeitsmarkt. Meist sind die Lernenden dann ganz auf sich gestellt und Fragen tauchen für Individuum und Gesellschaft auf: Wozu lerne ich eigentlich? Hat das Lernen im Alter Sinn?

Lernen im Alter ist sinnvoll, weil es Autonomie und persönliche Freiheit erweitert, durch Informationszuwachs und Reflexion bürgerschaftliche und Alltagskompetenz aufbaut und die Qualifikationen (auch im Ehrenamt) verbessert. Diese Sinnzuschreibungen finden sich in vielen aktuellen Forschungsberichten und sind auch Grundlage des *Aktionsplans der Europäischen Kommission für Weiterbildung* (27.9.2007).

Lernen eröffnet Sinnhorizonte für den neuen Lebensabschnitt. Auch das Lernen selbst kann Sinn geben. Auswirkungen des Lernens in der nachberuflichen Phase bestehen zum Beispiel darin, dass verloren gegangene soziale Kontakte zu ehemaligen ArbeitskollegInnen bei Lernangeboten durch neue Kontakte zu gleichgesinnten Lernenden ersetzt werden können. Lernen erhöht die soziale Teilhabe, es steigert oder bewahrt Mobilität und Unabhängigkeit. Wer lernt, erfährt mehr über den Erhalt der eigenen Gesundheit und über Möglichkeiten finanzieller Unabhängigkeit bzw. auch finanzieller Unterstützung. Wer lernt, steigert seine Selbstverantwortung. Statt Anpassung, Integration und Rückschau muss Lernen die Auseinandersetzung mit Gegenwart und Zukunft zum Ziel haben (Kolland 2009).

Lerninhalte und Didaktik

Das Wissen um bürgerschaftliche Rechte und Pflichten und um die Grundlagen finanzieller und gesundheitlicher Selbstständigkeit sind ebenso wie Internet-Kommunikations-Technologien (IKT) Lerninhalte und Bildungsziele der Zukunft. In all diesen Bereichen laufen ältere Menschen Gefahr, durch Unkenntnis möglicherweise nicht partizipieren zu können bzw. von technischen Errungenschaften und Kenntnissen über Krankheitsprävention ausgeschlossen zu sein.

Lernen, um sich bürgerschaftlich zu engagieren, deckt dabei gleich mehrere Lernbereiche ab: Dieses Lernen steuert nicht nur ein klares Ziel an; die Ausbildung und praktische Tätigkeit führen bei VermittlerInnen und Lernenden auch zu einem Zuwachs an sozialer Partizipation – und daraus ergeben sich wieder neue Lernmöglichkeiten.

Zentrale Prinzipien für die Lehrenden oder VermittlerInnen in der Didaktik für ein *Lebenslanges Lernen* sollten sein:

➤ das Herausarbeiten von individuellen Stärken und Kenntnissen und die Unterstützung von Formen biografischen Lernens,

➤ das Fördern von Engagement und Motivation durch Erweiterung des Handlungsspielraums und die Anregung inter/kultureller Diskussionen,

➤ die Informationsvermittlung über Prävention (Gesundheit, Bewegung, Ernährung) und

➤ das Erweitern von Computer- und Internetkenntnissen durch praktisches Arbeiten in motivierende interaktiven Onlineplattformen.

Lernen bedeutet: sich einklinken in Gesellschaft, Familie, Freundschaften und Politik. Das »Klinkenmodell« (siehe Abb. 1) dient als Orientierung für die weitere Erschließung der Lernbereiche. Die vier Klinken, die dem Lernen im Alter Türen öffnen, sind erstens das *Interesse* an einer Beschäftigung und zweitens die Auseinandersetzung mit den *eigenen Altersbildern* und das Reflektieren der eigenen Vorurteile über das Altern. Die Klinke Nummer drei ist das Lernen für den *Alltag*, um finanzielle Angelegenheiten selbst regeln zu können und Gesundheitsvorsorge zu betreiben. Schließlich können sich ältere Menschen (Klinke Nummer vier) durch das Aneignen von bürgerschaftlichem Wissen und durch ihr *bürgerschaftliches Engagement* gesellschaftlich wieder »voll einklinken«.

Rahmenbedingungen

Lernen braucht Finanzierung. Können sich die Älteren der Zukunft Lernen und Bildung leisten? Eine Mindestsicherung wird diskutiert – das könnte für das Lernen im Alter zukunftsweisend sein und würde der weitverbreiteten Altersarmut entgegenwirken. Auch wäre dadurch ehrenamtliches Engagement leichter durchführbar.

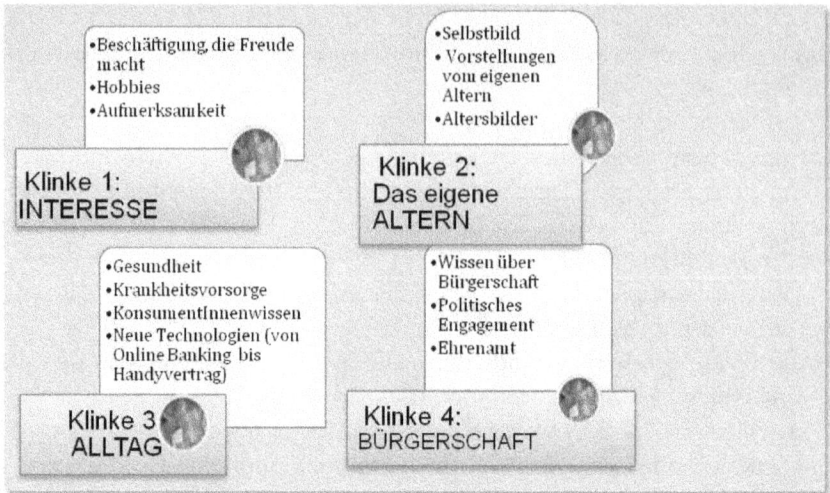

Abb. 1: Soziales Ein- statt Ausklinken, das Haring & Hechl-Modell (2009)

Innovative Konzepte, die auch informelle Lernstrukturen einbeziehen, wie zum Beispiel das biografische Lernen, fallen oft noch aus den geförderten Weiterbildungsangeboten heraus. Informelle Lernstrukturen müssen in Zukunft mitgedacht und unterstützt werden, wenn man Lernangebote konzipiert.

Potenziell Lernende sind auf Information über neue Lernangebote angewiesen. Um auf Lernmöglichkeiten aufmerksam zu machen, braucht es Informationsmöglichkeiten. *Lernwegweiser*, die für ältere Menschen durch Magistrate und Gemeinden initiiert und finanziert werden, sind beispielsweise sinnvoll. *Lernwegweiser* würden nicht nur den Zugang zu Bildungsangeboten erleichtern, sondern auch die lernenden älteren Menschen überhaupt erst sichtbar machen. Lernpreise als Fördermöglichkeiten könnten dazu führen, dass auch eine breitere Öffentlichkeit erreicht wird. Insbesondere innovative Projekte zur sozialen Partizipation für Ältere erleichtern den Zugang zum Lernen, wenn sie niederschwellig, günstig, nahe und zeitlich passend sind.

Wenn ältere Menschen nicht lernen wollen, liegt das oft am Angebot. Es gibt keine lern-ungewohnten Menschen, es gibt nur lernenden-ungewohnte Angebote. Die Lernbedürfnisse derjenigen, die Angebote noch nicht wahrnehmen, müssen erforscht werden. Lehren und Lehrräume sind nach den Bedürfnissen der (potenziell) Lernenden auszurichten – nicht umgekehrt.

Im folgenden Praxisbeispiel wird auf die Bedeutung dieser Rahmenbedingungen eingegangen.

Help the Aged – ein Praxisbeispiel

In Großbritannien spricht man von der Notwendigkeit einer *older people strategy*, einer Strategie für ältere Menschen.
In der *older people strategy* werden:
➤ ältere Menschen und ihre diversen Lebenswelten sichtbar gemacht, statt sie zu marginalisieren,
➤ die Bedürfnisse dieser Zielgruppe(n) zu erfassen versucht,
➤ die Lernmöglichkeiten angeboten, die sich formales und informelles Lernen zunutze machen, und
➤ Netzwerkbildungen arrangiert und unterstützt.

Auf diese *Strategie für ältere Menschen über 50* bauen Non-Profit-Wohltätigkeitsorganisationen auf, wie zum Beispiel *Help the Aged*[2]. Sie fordern neue Lernmöglichkeiten für ältere Menschen, die sich formales und informelles Lernen zunutze machen. Von der Regierung – die eine zentrale Rolle in Erziehung und Bildung spielt – verlangt diese Organisation, in die Aus- und Weiterbildung am Computer für Menschen über 50 zu investieren. Sie sieht in den sogenannten IKT (Internet-Kommunikationstechnologien) eine wichtige Schnittstelle, um ältere Menschen in weitere Lernmöglichkeiten einzubinden. IKT könnte den Lerneinstieg erleichtern, weil diese Lerninhalte in der Gesellschaft als vernünftig und wichtig gelten und weil diese Lerninhalte der älteren Generation in ihrer Jugend aus technologischen Gründen noch nicht zur Verfügung standen. Die IKT könnten dabei eine maßgebliche Rolle bei der Lieferung neuer Lerninhalte bieten, z. B. im Bereich bürgerschaftlichen Wissens und in Gesundheitsfragen. *Help the Aged* fordert niederschwellige Zugangsformen: Die Lernmöglichkeiten müssen vor Ort zugänglich sein und zu den von der Klientel gewünschten Zeiten angeboten werden. Für das Lernen der IKT bedeutet das, dass ältere Menschen einfach einen Onlinezugang bekommen, der finanzierbar ist.

Ein neuer Informations-Vermittlungsservice müsste dabei eine wichtige Rolle spielen. *Help the Aged* plädiert für eine große öffentliche Kampagne, um ältere Menschen online zu bringen. Finanziert könnte diese in der Zusammenarbeit von Wirtschaft und Staat werden. Ressourcen für die Umsetzung

---

2 Die Organisation *Help the Aged* ist gerade im Begriff, sich zu erweitern. Im Frühjahr wird es daher eine Namensänderung geben. Der neue Name *Age UK* besiegelt den Zusammenschluss mit *Age Concern* (http://www.helptheaged.org.uk/en-gb/WhatWeDo/).

dieser Zielsetzung sind in ihren Augen die Nutzung der bereits vorhandenen Infrastrukturen in Schulen und in Sozial- und Gemeindezentren.

Ausblick

An dieser Stelle möchte ich noch einmal an den eingangs erwähnten *Care-o-bot* erinnern, ein Roboter, der als Metapher für das Lernen im Alter gesehen werden kann. Die Funktionen eines Roboters werden nach einer Bedarfserhebung programmiert – eine Bedarfserhebung muss auch Grundlage der Rahmenbedingungen des Lernens im Alter sein. Der Roboter ist ein strukturelles Werkzeug, Lernen braucht eine flexible Struktur. Der *Care-o-bot* ist ein Hilfsmittel, er dient als Unterstützung für die Anforderungen im Alltag. Ähnlich sollten die Lehrenden, die mit älteren Lernenden arbeiten, von deren Bedürfnissen ausgehen und entsprechende Zugangsmöglichkeiten bereitstellen.

Es ist von großer Bedeutung, Altern in den gesamtgesellschaftlichen Kontext zu stellen. Selbstständige, mündige und aktive ältere Lernende benötigen unterstützende und flexible Rahmenbedingungen. Um neue Lernmodelle für ein zukünftiges Lernen im Alter zu entwickeln, bedarf es neben innovativer Projekte auch quantitativer und qualitativer Forschung einhergehend mit dem interdisziplinären Zusammenspiel von Theorie und Praxis.

Literatur

Amrhein L, Backes GM (2007) Alter(n)sbilder und Diskurse des Alter(n)s. Anmerkungen zum Stand der Forschung. ZfGG 40: 104–111.

Dohmen G (2001) Das informelle Lernen. Die internationale Erschließung einer bisher vernachlässigten Grundform menschlichen Lernens für das lebenslange Lernen aller. (Bundesministerium für Bildung und Forschung. Bonn. http://www.bmbf.de/pub/das_informelle_lernen.pdf (zuletzt: 12.11.09).

Franz J (2006) Die ältere Generation als Mentorengeneration – Intergenerationelles Lernen und intergenerationelles Engagement. Bildungsforschung 3,2 URL: http://www.bildungsforschung.org/Archiv/2006-02/intergenerationelles/ (zuletzt: 23.11.09).

Göckenjan G (2000) Das Alter würdigen. Altersbilder und Bedeutungswandel des Alters. Frankfurt am Main (Suhrkamp).

Krell G, Riedmüller B, Sieben B, Vinz D (Hg) (2007) Diversity Studies. Grundlagen und disziplinäre Ansätze. Frankfurt am Main, New York (Campus).

Kuwan H, Schmidt B, Tippelt R (2009) Informelles Lernen. In: Tippelt R, Schmidt B, Schnurr S, Sinner S, Theisen C (Hg) Bildung Älterer. Chancen im demografischen Wandel. Bielefeld (Bertelsmann) 59–70.

Mandl H, Kopp B (2006) Lehren in der Weiterbildung aus pädagogisch-psychologischer Sicht. In: Nuissl E (Hg) Vom Lernen zum Lehren. Lern- und Lehrforschung für die Weiterbildung. Bielefeld (Bertelsmann) 117–128.
Tippelt R, Schmidt B, Schnurr S, Sinner S, Theisen C (Hg) (2009) Bildung Älterer. Chancen im demografischen Wandel. Bielefeld (Bertelsmann).
Wouters G (2006) Lebenswelt und Lernen im Dritten Lebensalter. In: Asbrand B, Bergold R, Dierkes P, Lang-Wojtasik G (Hg) (2006) Globales Lernen im Dritten Lebensalter – Ein Werkbuch. Bielefeld (Bertelsmann) 20–29.

Korrespondenzadresse:
Solveig Haring
Universität Graz
Merangasse 70/II
A-8010 Graz
E-Mail: *sol.haring@uni-graz.at*

Psychosozial-Verlag

Bernd Oberhoff, Sebastian Leikert (Hg.)

Opernanalyse
Musikpsychoanalytische Beiträge

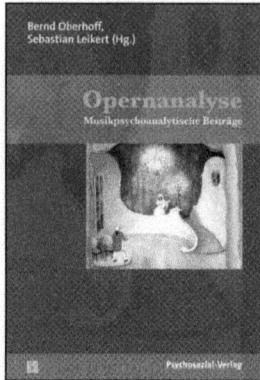

Mathias Hirsch

Die Matthäus-Passion
Johann Sebastian Bachs
Ein psychoanalytischer Musikführer

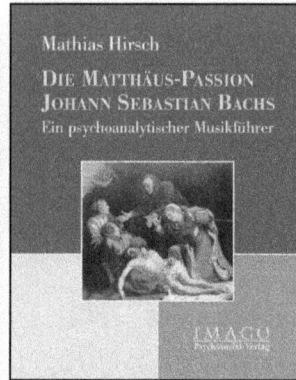

2009 · 232 Seiten · Broschur
ISBN 978-3-8379-2024-6

2008 · 156 Seiten · Broschur
ISBN 978-3-89806-755-3

Oper ist Seelendrama und fordert die Psychoanalyse heraus, beim Verstehen jener vielschichtigen Vorgänge behilflich zu sein. Dieser Sammelband zeugt davon, dass das Operngeschehen eminent psychologisch ist und wie entwicklungs- und persönlichkeitspsychologische, ja, psychopathologische Phänomene in den Opern von Monteverdi bis Britten thematisiert werden. Die neuen und tiefgründigen Einsichten, die dieser Band vermittelt, machen klar, welche bislang noch unausgeschöpften Erkenntnismöglichkeiten die Musikpsychoanalyse bietet.

Bachs Matthäus-Passion wird musikwissenschaftlich, theologisch und v.a. psychoanalytisch als wundervolle musikalische Darstellung eines Dramas von Liebe, Verrat, Verlust und damit Schuld verstanden. Die Matthäus-Passion ist eine musikalische Trauerarbeit, die zur Versöhnung mit tragischen Aspekten des Menschseins führt. Die wenigen Monografien zur Matthäuspassion werden hier durch eine einzigartige Untersuchung ergänzt, die musikwissenschaftliche, theologische und psychoanalytische Aspekte vereinigt.

Walltorstr. 10 · 35390 Gießen · Tel. 0641-969978-18 · Fax 0641 - 969978-19
bestellung@psychosozial-verlag.de · www.psychosozial-verlag.de

Kultur und kulturelle Bildung in der alternden Gesellschaft
Überblick und Aussichten

Sabine Baumann und Karl Ermert (Wolfenbüttel)

Zusammenfassung

»Kultur ein Leben lang – Perspektiven für eine Kultur im Alter«, so lautete die Überschrift einer gemeinsamen kulturpolitischen Stellungnahme des *Deutschen Kulturrates*, des Dachverbandes der bundesweit arbeitenden Kulturverbände, zusammen mit der *Bundesarbeitsgemeinschaft der Seniorenorganisationen (BAGSO)* vom 13. Oktober 2009 (www.kulturrat.de/pdf/1666.pdf). Diese Stellungnahme bildet den vorläufigen Höhepunkt einer diskursiven Annäherung auf beiden Seiten: Die Kultur hat das Alter entdeckt, und die Älteren und diejenigen, die mit ihnen und für sie arbeiten, haben die Kultur entdeckt. Der folgende Aufsatz gibt einen Überblick über den Stand des Diskurses in Kultur und kultureller Bildung mit Bezug zur altersdemografischen Situation, zum Alter und zu den Älteren. Am Ende wird ein Ausblick auf Aktivitäten gegeben, mit denen die *Bundesakademie für kulturelle Bildung Wolfenbüttel* diesen Diskurs in praktische Vorhaben umsetzt.

Stichworte: demografischer Wandel, lebensbegleitendes Lernen, kulturelle Bildung, Alter, Weiterbildung

Abstract: Culture and cultural education in the ageing society. Overview and perspectives

»Culture for life – prospects of culture in age« – this is the title of a joint statement in cultural and educational policy of the *German Arts Council (Deutscher Kulturrat)*, which is the umbrella organisation of cultural associations in Germany, working together with the *German National Association of Senior Citizens Organisations (Bundesarbeitsgemeinschaft der Seniorenorganisationen, BAGSO)* from October 13, 2009 (www.kulturrat.de/pdf/1666.pdf). This statement is the provisional peak of a discursive approach on both sides: Culture has discovered aging, older people – and those working with them and for them – have discovered culture as a field of engagement. The following article gives a survey of how things are now, concerning discourses about culture and cultural education referring to the demographic situation in society, to age and to older people. At the end you will find a preview of how the *Federal Academy of Arts Education* translates this discourse into practice.

Key words: demographic change, lifelong learning, arts education, cultural education, older people, continuing education

Der Potenzialdiskurs in der Altersdemografie

Fakt ist auf absehbare Zeit: Die nachwachsenden Generationen nehmen in der Zahl ab, die Menge der Älteren steigt im Verhältnis an, zumal, jedenfalls vorerst, die Lebenserwartung steigt. Die Deutschen werden älter, durch die schon stattgefundene und weiterhin nötige Zuwanderung wird Deutschland kulturell »bunter«. Zudem führen ökonomisch induzierte Wanderungsbewegungen im Binnenraum dazu, dass die verschiedenen Regionen Deutschlands und Europas sich bevölkerungsdynamisch disparat entwickeln: In manchen Regionen bleibt die Bevölkerungszahl relativ stabil, in anderen wird sie stark abnehmen, auch die Anteile der Bevölkerung mit Migrationshintergrund differieren regional sehr stark.

Das »Grünbuch« »*Angesichts des demografischen Wandels – eine neue Solidarität zwischen den Generationen*« der EU-Kommission vom März 2005 zeigt übrigens, dass die kollektive Alterung nicht etwa deutschlandspezifisch ist, sondern in Abstufungen für alle europäischen Länder gilt.

Wie Alter und Altern – in der gesellschaftlichen Außenwahrnehmung und in der Selbstwahrnehmung der Betroffenen – gesehen werden, ist auch eine Einstellungsfrage, also eine kulturelle Frage. Die Veränderungen der Altersstruktur der Bevölkerung in Deutschland erzwingen einen gesellschaftlichen Perspektivwechsel von der einseitigen Defizitperspektive auf das Alter zur unvoreingenommenen Wahrnehmung auch der Werte und Potenziale des Alters. Das ist auch der Tenor des 5. Altenberichts der Bundesregierung (2006) »*Potenziale des Alters für Wirtschaft und Gesellschaft – der Beitrag älterer Menschen zum Zusammenhalt der Generationen*«. Standen in den vergangenen Jahren der »Bedarfs- und Versorgungsdiskurs« sowie der »Belastungsdiskurs« in Bezug auf die Älteren im Vordergrund, so ist es jetzt der

»Potenzialdiskurs«. Dieser stellt positive Aspekte des Alters und Alterns und die bestehenden oder herauszubildenden, jedenfalls zu nutzenden Kompetenzen der Älteren heraus.

Unter ihnen findet sich ein wachsendes Potenzial von Menschen, die auch weiterhin aktiv an der gesellschaftlichen Kommunikation teilnehmen und sich einbringen wollen. Sie haben spezifische Kompetenzen, die nicht nur aus fachlichem und überfachlichem Wissen bestehen, sondern auch aus Erfahrungen und Haltungen, die sie im Laufe ihres Lebens erworben haben. »Weisheit« und »Gelassenheit« z.B. gehören dazu, also Fähigkeiten, unaufgeregt und mit Übersicht mit einer Situation umzugehen.

Der 5. Altenbericht sagt eine lebhafte Konkurrenz um dieses Potenzial voraus, selbst wenn das zurzeit, zumal angesichts des vorherrschenden Defizitbildes vom Alter, noch schwer vorstellbar erscheint. Jedenfalls stellen das Schrumpfen der Bevölkerung und das kollektive Altern in Deutschland, aber auch in Europa insgesamt und in weiten Teilen der Welt, für die Älteren – ebenso wie für die Jüngeren – Herausforderungen dar, die weit über den Erhalt der sozialen Sicherheitssysteme hinausgehen. Die Gesellschaft kann es sich auf Dauer weder ökonomisch noch ideell oder sozial leisten, auf diese Potenziale zu verzichten, die viele der Älteren in Gesellschaft und Arbeitswelt einbringen können und auch wollen.

Die neue Perspektive bedeutet auch: Die Älteren werden nicht nur in ihren Potenzialen und Rechten positiver wahrgenommen, sie müssen – in gemeinsamer gesellschaftlicher Verantwortung mit den Jüngeren – auch Pflichten stärker übernehmen.

Kultur und kulturelle Bildung

Kultur im weiteren Sinne meint die jeweils typischen Erscheinungen in der Gesamtheit der Lebensvollzüge einer Gesellschaft (Nation, Ethnie, Gruppe usw.) von den technischen und künstlerischen Hervorbringungen bis zu den Verhaltensmustern des Zusammenlebens und den Wertvorstellungen und Normen, also auch den philosophischen oder religiösen Bezugssystemen einer Gemeinschaft. Das ist ein historischer, soziologischer oder auch ethnografischer Gebrauch des Wortes Kultur.

Mit *Kultur im engeren Sinne* werden die Künste und ihre Hervorbringungen bezeichnet: Bildende Kunst, Literatur, darstellende Künste (von Theater über Tanz bis Film), Musik, die angewandten Künste wie Design und Architektur sowie die vielfältigen Kombinationsformen zwischen ihnen. Sie stellen aus der Kultur im weiteren Sinne die Teilmenge dar, um die es im Folgenden geht. Zwischen engerem und weiterem Begriff von Kultur sind die Übergänge fließend.

Mit kultureller Bildung (ältere Begriffe: *musische* oder *musisch-kulturelle* Bildung oder *ästhetische* Bildung) gibt eine Gesellschaft das Wissen über ihr kulturelles Erbe an die nachfolgende Generation weiter. Kulturelle Bildung bezeichnet den Lern- und Auseinandersetzungsprozess des Menschen mit sich, seiner Umwelt und der Gesellschaft im Medium der Künste und ihrer Hervorbringungen. Im Ergebnis bedeutet kulturelle Bildung die Fähigkeit zur erfolgreichen Teilhabe an kulturbezogener Kommunikation, am gesellschaftlichen Geschehen im Allgemeinen und an erfolgreicher Berufstätigkeit. Kulturelle Bildung ist grundlegender Teil der Allgemeinbildung. Kulturelle Bildung ist Bildung für Lebenskunst.

Die unterschiedlichen kulturellen Traditionen in der Welt führen zu unterschiedlichen Auffassungen von der Rolle der Künste und auch der Bedeutung der künstlerisch kulturellen Bildung in der Gesellschaft. Nach Bamford (2006) kann unterschieden werden zwischen »education in the arts«, Bildung in den Künsten, also dem, was traditioneller Unterricht in Kunst, Literatur, Musik usw. an Wissen und Fertigkeiten zur Ausübung und zum Verständnis künstlerischkultureller Arbeit und Kommunikation leistet, und »education through the arts«, Bildung durch die Künste. Damit sind die Wirkungen gemeint, die die Künste in der Vermittlung anderer Inhalte und vermittelter Fähigkeiten in nichtkünstlerischen Arbeits- und Lebenszusammenhängen entfalten, also z. B. auch in therapeutischen Zusammenhängen. Beides ist sinnvoll und legitim.

Ältere in Kultur und kultureller Bildung

Im »Hoch-Kulturbetrieb« der Theater, Orchester, Kunstvereine, Museen usw. wird eine »Überalterung« des Publikums beklagt, obwohl es keinen Maßstab dafür gibt, was Überalterung ist. Das Problem ist nicht, dass die Älteren ins Museum etc. kommen, sondern dass die Jüngeren nicht kommen. Es wäre also mit Blick auf die Ursachen des Phänomens eher angebracht, von einer »Unterjüngung« des Publikums (wie der Gesellschaft im Allgemeinen) zu sprechen.

Grundsätzlich gilt: *Alle* Altersgruppen haben ein gleiches Recht auf kulturelle Teilhabe und auch auf kulturelle Bildung. Dieser Anspruch gilt für die Jüngeren selbstverständlich. Das sind wir so zu denken gewohnt, und das bleibt für die Künste, das kulturelle Leben und die kulturelle Bildung einer Gesellschaft natürlich weiterhin überlebensnotwendig. Sie dürfen nicht vernachlässigt werden. Je weniger Jüngere es gibt, desto kostbarer ist jeder Einzelne von ihnen.

Aber auch für Erwachsene und für Ältere in der nachberuflichen Phase gehören Kultur und kulturelle Bildung zum legitimen Streben, »Lebenskunst« zu gewinnen. Ältere stellen insoweit auch einen wachsenden Markt für kulturelle Unterhaltungs- und Bildungsdienstleistungen dar. Darauf können und müssen sich Anbieter mit spezifischen Angeboten und Qualifikationen einrichten. Kommerzielle Anbieter tun dies schon aus ökonomischer Vernunft. Aber auch die öffentlich geförderten Kulturangebote und kulturellen Bildungsangebote müssen sich dieser Herausforderung stellen, freilich, wie bereits bemerkt, ohne die berechtigten Interessen der jüngeren Generationen zu vernachlässigen. Hier die Balance zu halten, muss politische Bedingung der öffentlichen Förderung sein.

Viele Ältere haben spezifische Kompetenzen. Wie können sie diese – in generationenübergreifender Verantwortung und Kommunikation – für sich und für andere wirksam werden lassen?

Hier wird das Thema bürgerschaftliches, freiwillig gemeinnütziges und ehrenamtliches Engagement in all seinen Facetten berührt. Ältere haben Fähigkeiten, oft auch Geld, manchmal Einfluss, vor allem aber selbstbestimmte Zeit, die sie einsetzen können, wann und wo sie wollen.

Ältere kommen ebenso wie alle anderen Bevölkerungsgruppen im Kulturbereich in den Blick als:

➤ *Publikum*, d.h. als Besucher von Museen, Ausstellungen, Theater, Oper, Film, Konzert, Literatur usw.,

➤ *Bildungsinteressierte*, d.h. als Abnehmer von kulturellen Aktivitäts- und Bildungsangeboten (von Volkshochschulen, soziokulturellen Zentren und sonstigen öffentlich geförderten, aber auch kommerziell arbeitenden Bildungsanbietern), von Kulturreiseangeboten, als Käufer von Literatur, Tonträgern und Werken bildender Kunst, als Nutzer von Bibliotheken usw.,

➤ *Kulturschaffende (Produzenten)*, d.h. als bildende Künstler, als Schreibende, als aktive Teilnehmer in Theatergruppen, Musikensembles, Kleinkunstensembles usw.,

➤ *Kulturvermittler*, d.h. als »Lesepaten« in Kindergärten und Grundschulen, als Lehrende in Kursen der Erwachsenenbildung, als Führungsdienstmitarbeiter in Museen, als Leiter und Mitarbeiter in Kunstvereinen und Kulturvereinen, als Leiter von Chören und Instrumentalensembles, als Moderatoren von Konzerten, als Mitarbeiter von Bibliotheken usw.,

➤ *Unterstützer*, d. h. als politisch und materiell Engagierte in Förderkreisen von Kultureinrichtungen, die politische Lobbyarbeit übernehmen oder sich für die technischen Infrastruktur von Kulturveranstaltern im Nonprofit-Bereich einsetzen usw.,

➤ und nicht zuletzt als *angestellte Mitarbeiter*. Man wird sich darauf einstellen müssen, dass die Grenze des tatsächlichen Ausscheidens aus dem Beruf sich im Unterschied zur Gegenwart mehr und mehr in Richtung der gesetzlichen Altersgrenze bewegen wird.

Lebensbegleitendes Lernen oder Weiterbildung für Kultur

Fort- und Weiterbildung spielen eine tragende Rolle im Konzept des lebenslangen bzw. lebensbegleitenden Lernens. Es ist eine Binsenweisheit – trotz aller Differenzen in der Praxis –, dass der Faktor Weiterbildung angesichts des schnellen Wandels von Berufsbildern und sonstigen Lebensanforderungen immer noch wichtiger wird. Als Folgerung aus der altersdemografischen Entwicklung wird eine Weiterbildung an Stellenwert gewinnen, die sich auf freiwillig-gemeinnützige bzw. ehrenamtliche Tätigkeiten richtet. Sie ist insoweit privat und zugleich von öffentlichem Nutzen. Für eine solche Weiterbildung gibt es bislang in den Erwachsenenbildungsgesetzen oder im Steuerrecht keinen systematischen Ort. Sie allein der privaten (Finanzierungs-)Verantwortung zu überlassen, ist politisch fragwürdig. Bildung dient – objektiv und subjektiv – ebenso sehr der »Gesellschaftsfähigkeit« wie der »Berufsfähigkeit« (Deutscher Bundestag 2008).

Angebote kultureller Bildung eröffnen auch Älteren Zugänge und Partizipationsmöglichkeiten zu allen Sparten von Künsten und zum sonstigen Kulturbetrieb. Wichtig wird sein, darin nicht nur eine Beschäftigungsmethode, sondern eine vollwertige Teilhabe- und Qualifikationsmöglichkeit zu sehen und diese auch so zu handhaben. Bei den Anbietern ist eine neue Haltung notwendig: Die spezifischen Bedingungen des Lernens Älterer sowie deren Bedürfnisse müssen berücksichtigt und integriert werden. Ältere sind als gleichberechtigte und gleichwertige Teilnehmer und Kunden anzunehmen.

Generationsspezifische *und* intergenerationelle Ansätze in der Kulturarbeit haben ihr je eigenes Recht. Selbstverwirklichung im Alter bedeutet auch die Entwicklung einer angemessenen »Altersidentität«, die sich von den Jüngeren unterscheidet und absetzt. Das gehört zu einer »Lebenskunst«, die dem Jugend- und Leistungswahn unserer Gesellschaft etwas Eigenes entgegensetzt.

Für diesen Prozess stellen die Künste – in Praxis und Theorie, in Produktion und Rezeption, aktiv und passiv – ein besonders geeignetes Medium dar, auch weil sie neben intellektuellen Aktivitätsmöglichkeiten auch über emotionale Erfahrungsräume verfügen.

Sich auf die Bedürfnisse Älterer einzustellen bedeutet, geeignete Angebote zu entwickeln und die praktischen Umstände des Wahrnehmens durch barrierefreie Wege und Zugänge, angemessene Zeitorganisation usw. passend zu gestalten. Älteren*spezifische* Angebote können z. B. auch tagsüber platziert werden. Barrierefreiheit darf aber nicht nur als eine technische Kategorie aufgefasst werden. Die Anbieter brauchen didaktische Konzepte und Betriebsabläufe für altersgruppenspezifische und altersgruppenübergreifende Kulturarbeit. Solche Themen müssen auf der Metaebene der Weiterbildung, also in der beruflichen bzw. Multiplikatorenweiterbildung erarbeitet werden.

Älteren in der *beruflichen* Weiterbildung spezifische Angebote zu machen, erscheint im Normalfall eher ambivalent, vielleicht sogar kontraproduktiv, auch wenn es Ausnahmen geben mag. Wichtiger ist die didaktische und methodische Kompetenz von Veranstaltern und Lehrenden. Sie entscheidet über die Haltung, in der gegenüber Älteren in Lerngruppen agiert wird. Das ist nicht nur eine ethische Frage, z. B. des Respekts vor Lebensleistungen, es geht mehr noch darum, ob und in welcher Weise die unterschiedlichen Kompetenzen in altersgruppengemischten Lerngruppen systematisch fruchtbar gemacht werden können.

Ein weites Feld stellen die Erfassung und Aktivierung des Engagement- und Kompetenzpotenzials der Älteren dar. Wie kann bürgerschaftliches Engagement bei den Älteren entdeckt, gefördert, aufgebaut und – zum Vorteil aller – genutzt werden? Besondere Aufmerksamkeit wird dabei der Übergangszeit zwischen beruflicher und nachberuflicher Phase zukommen, einer Zeit, in der sich die Interessenprofile für das nachberufliche Engagement herausbilden.

Wenn Einrichtungen, die über eine professionelle Struktur verfügen, mit Älteren als freiwillig bzw. ehrenamtlich Tätigen zusammenarbeiten wollen, müssen sie ihnen, ihren Interessen und ihren Lebenslagen gegenüber die richtige Haltung gewinnen, sie müssen sich für diesen Umgang ihrerseits professionalisieren.

Ältere bringen mitgebrachte Kompetenzen ein, sie können sich aber auch für bestimmte Aufgaben weiterbilden. Die Weiterbildung sollte möglichst im Rahmen von existierenden Angeboten, also integriert, stattfinden und ggf. auch spezifisch auf die Einsatzfelder und die Bedingungen der Älteren ausgerichtet sein. Weiterbildung ist z. B. beim Einsatz (älterer) Freiwilliger in der kulturellen Bildung von Kindern und Jugendlichen in der Schule und in der außerschulischen kulturellen Jugendbildung begleitend notwendig.

Ein kompetentes Freiwilligenmanagement ist Voraussetzung für den Erfolg. Nicht nur die Freiwilligen, sondern auch die Einrichtungen selbst müssen lernen. Es geht um die Professionalisierung der Profis. Infrastruktur und Zeiten müssen auf die Bedingungen der Freiwilligen eingestellt werden. Kontinuierliche Investitionen in Zuwendung und Organisation sind nötig. Hier können die Versuchs- und Irrtumszeiten durch Weiterbildung der Professionellen und der Entscheidungsträger erheblich verkürzt werden. Das gilt für Aktivitäten in Kultureinrichtungen, Kulturverbänden und Kultur- und Bildungsverwaltungen ebenso wie für die Kultur- und Bildungspolitik.

Aufgaben

Kulturbetrieb, kulturelle Bildung, Weiterbildung und Kulturpolitik sind in der theoretischen und praktischen Durchdringung dessen, was die altersdemografische Entwicklung in Deutschland für ihren Bereich bedeutet, immer noch nicht wirklich weit gekommen. Wir brauchen als Voraussetzungen verschiedene praktische Maßnahmen:

➤ Kulturpolitische Konzepte, die *allen* Altersgruppen der Bevölkerung gleichermaßen verpflichtet sind;

➤ Präzises Wissen über die Lebenslagen, Interessen und Potenziale, die Ältere einbringen und darstellen können. Eine weitere systematische Rezeption und Auswertung der Altersforschung ist notwendig, um zuverlässige quantitative und qualitative Aussagen machen zu können. Die Kategorie Alter ist nicht vor allem kalendarisch, sondern biologisch und gesellschaftlich (also kulturell) definiert. Generationenspezifische Biografien unterscheiden sich je nach Geschichte, Milieu und Bildung der Betroffenen.

➤ Eine kulturbereichsspezifische Umsetzung der Erkenntnisse. Museen haben beispielsweise andere Bedingungen, Funktionen und Interessen als Opernhäuser oder soziokulturelle Zentren. Aber alle müssen sich – um ihres Erfolgs und Überlebens willen – mit dem Phänomen des demografischen Wandels auseinandersetzen. Wie wird durch diese Veränderung die praktische Haltung gegenüber Älteren und ihren Bedürfnissen beeinflusst?

➤ Konzepte, die der Situation von Menschen/Familien mit Kindern (sowie umgekehrt Kindern und Jugendlichen mit Eltern/Erziehungspersonen) entgegenkommen und förderlich sind.

➤ Konzepte für altersgruppenspezifische *und* altersgruppenübergreifende Kulturarbeit. Intergenerationelle Arbeit kann auch quasi interkulturelle Arbeit bedeuten.

➤ Konzepte, in denen auch die Schrumpfung von Gemeinwesen und der damit einhergehende regional veränderte Bedarf berücksichtigt werden, im Osten mehr als im Westen, im ländlichen und kleinstädtischen Raum stärker als in den urbanen Ballungsgebieten.

➤ Konzepte und praktische Maßnahmen, wie bürgerschaftliches Engagement unter den Älteren entdeckt, gefördert, aufgebaut und – zum Vorteil aller Beteiligten – genutzt werden kann. Dazu gehört eine Professionalisierung der Profis in Kultureinrichtungen in Fragen des Freiwilligenmanagements.

Es sind also umfangreiche Forschungs- und Entwicklungsarbeiten für den praktischen Kulturbetrieb, für kulturelle Bildung Älterer und für Fort- und Weiterbildung nötig. Das gilt ebenso kulturbereichsspezifisch, wenn es darum geht, altersgruppenspezifisch *und* altersgruppenübergreifend zu arbeiten, wie im Freiwilligenmanagement für die Aufgaben, wenn die Älteren in die praktische Arbeit des Kulturbetriebs einbezogen werden.

Dabei sind ein enger Kontakt und eine vorurteilslose Kooperation mit anderen Weiterbildungsbereichen förderlich, z.B. Soziales, Sport und Umwelt. Dort ist es ebenfalls notwendig, sich mit den Konsequenzen der altersdemografischen Entwicklung auseinanderzusetzen, und häufig liegen schon längere und intensivere Erfahrungen vor.

Perspektiven in Wolfenbüttel

Vor dem Hintergrund der oben skizzierten Zusammenhänge zur Bedeutung von kultureller Bildung, Kreativität und lebensbegleitendem Lernen engagiert sich die *Bundesakademie für kulturelle Bildung Wolfenbüttel* ganz konkret in diesem Feld mit Nachdenken, Lernen und Entwicklungsarbeit gemeinsam mit verschiedenen europäischen Partnern sowie auf der konkreten Arbeits- und Entwicklungsebene in Wolfenbüttel selbst.

Seit 2006 ist die Akademie Mitglied in dem Netzwerk *age culture net*, einem europäischen Netzwerk, das sich zum Thema »Ältere und Kultur« regelmäßig austauscht und trifft und untereinander kooperiert (www.age-culture.de). In dem Netzwerk haben sich etwa vierzig Vertreter/-innen von Institutionen und einige Freischaffende aus insgesamt neun europäischen

Ländern organisiert. Es ist auf Anregung des *Instituts für Bildung und Kultur (ibk)*, Remscheid, entstanden. Aus diesem Netzwerk hat sich eine europäische sog. Lernpartnerschaft[1] mit dem Namen InCreaSe – *Intercultural Creativity of Seniors – (Förderung interkultureller Kreativität von Senioren*; www.increase-project.eu) generiert, die über das europäische Erwachsenenbildungsprogramm *GRUNDTVIG*[2] finanziell gefördert wird. Bei der Lernpartnerschaft handelt es sich um eine reisende Fortbildungsakademie für kulturelles Lernen und Beteiligung im Alter in Europa. In dieser kooperieren neben der Bundesakademie acht europäische Einrichtungen aus den Ländern Belgien, Niederlande, Österreich, Portugal, Schottland, Spanien, Ungarn und Deutschland grenzüberschreitend und prozessbezogen.

Bereits seit 2005 setzt die *Bundesakademie* sich im Zuge der Debatte um den sog. demografischen Wandel auf Tagungen und in anderen Arbeitszusammenhängen auch öffentlich mit der Frage auseinander, was diese Entwicklung für die kulturelle Bildung, die Kreativität und das lebensbegleitende Lernen bedeutet. Dabei geht es um Fragen, wie die kulturellen Erfahrungen und Haltungen älterer Menschen beschaffen sind, welche Eigenarten Ältere auszeichnen, wie sie ihre Vermittlungskompetenzen in Kultur und Bildung zum Nutzen aller aufbauen und einsetzen können, wie Kultur- und Bildungseinrichtungen die speziellen Rahmenbedingungen und Interessen Älterer besser in ihre Arbeit einbeziehen können usw.[3]

Seit mehreren Jahren engagiert sich der Programmbereich Theater der *Bundesakademie* im Projekt »Ältere Menschen spielen Theater«. Das Seminar

---

1 Das europäische Parlament und der europäische Rat verfassten 2006 einen Beschluss über ein Aktionsprogramm im Bereich des lebenslangen Lernens. Es wurde am 1. Januar 2007 gestartet und soll bis 2013 den Austausch von Lehrenden und Lernenden aller Altersstufen sowie die grenzübergreifende Zusammenarbeit von Bildungseinrichtungen und -akteuren fördern. Das Programm teilt sich in vier Einzelprogramme: COMENIUS (Schulbildung), ERASMUS (Hochschulbildung), LEONARDO DA VINCI (Berufliche Bildung), GRUNDT-VIG (Erwachsenenbildung). Das Programm GRUNDTVIG verfolgt zwei spezifische Ziele. Zum einen sollen die durch die Alterung der Bevölkerung entstehenden Bildungsherausforderungen angegangen werden, zum anderen unterstützt das Programm Erwachsene bei der Erweiterung und Vertiefung ihres Wissens und ihrer Kompetenzen. GRUNDTVIG richtet sich an alle Akteure der Erwachsenenbildung.

2 Der Namensgeber des Erwachsenenbildungs-Programm ist der dänische Theologe und Pädagoge *Nikolaj Frederik Severin Grundtvig* (1783–1872), der als Vater des Volkshochschulwesens gilt und dem lebenslangen Lernen wichtige Impulse gegeben hat.

3 Drei Tagungsdokumentationen dazu sind in der Reihe »Wolfenbütteler Akademie-Texte« erschienen. Siehe Literaturverzeichnis. Nähere Informationen und Bestellmöglichkeiten dazu siehe unter www.bundesakademie.de/publikationen.htm.

»Vorwärts und nicht vergessen«, das Ende Oktober 2009 stattgefunden hat, wandte sich z. B. an Theaterpädagogen, Theaterspielende sowie Mitarbeiter/ -innen von Einrichtungen zum Umgang mit Alten, damit Ältere sich der Kunst des Theaters in Ruhe und Würde nähern können. Die Dozentin des Seminars, Mirjam Strunk, ist auch Regisseurin von Theaterprojekten mit älteren Menschen, sie hat z. B. am Schauspiel Essen ein Projekt mit dem Namen »Flüchtlinge im Ruhestand« durchgeführt.

Die Arbeitslinie wird durch eine für November 2010 geplante Tagung des Programmbereichs *Bildende Kunst* fortgesetzt. In dieser Tagung sollen die Kreativität und deren Potenziale für ältere Menschen ins Zentrum gestellt und dabei die neuesten Erkenntnisse der Hirnforschung auf diesem Gebiet einbezogen werden. Mit Fachleuten soll schließlich diskutiert werden, welche Rolle Ältere aufgrund ihres Erfahrungsschatzes als Lernende wie auch als Lehrende und Lernvermittler in der Erwachsenenbildung, der Altenarbeit und der Pflege spielen können. Dazu werden Experten unserer europäischen Lernpartnerschaft sowie internationale Referenten und Partner aus Forschung und Lehre eingeladen.

Die *Bundesakademie* wird dort auch die neu entwickelten Qualifizierungsreihen in diesem Bereich vorstellen. Es wird eine berufsbegleitende Qualifizierung für Menschen angeboten, die bereits eine Vorbildung in kultureller Bildung (Bildende Kunst, Musik oder Theater) mitbringen und zukünftig mit älteren Menschen künstlerisch arbeiten wollen – beispielsweise in Projekten, Kursangeboten, in Stadtteilzentren, Altentageszentren oder Seniorenheimen. Geplant ist die Vermittlung gerontologischer Grundlagen in gemeinsamen Seminareinheiten, während die spezifischen kunst-, musik- und theaterpädagogischen Methoden und die künstlerische Praxis in fach- bzw. spartengetrennten Einheiten vermittelt und erprobt werden sollen. Diese Qualifizierung richtet sich insbesondere an Künstler/ -innen aus den Bereichen Bildende Kunst, Musik und Theater und an Kunstvermittler/-innen, Kulturpädagogen/-innen, Theaterpädagogen/-innen, Kunstpädagogen/-innen, Sozialpädagogen/-innen und Praktiker/-innen angrenzender Berufsfelder.

Eine weitere Qualifizierung zielt in den Bereich Kunst und Pflege und soll im Jahr 2011 beginnen. Dieses Qualifizierungsangebot wird sich an interessierte ältere Menschen wenden, die sich nach Beruf und Familienzeit freiwillig engagieren und sich für ein neues Tätigkeitsfeld weiterbilden wollen. Es stellt gleichzeitig eine Verbindung dar, die eigenen kreativen Potenziale zu entdecken und sie in der Arbeit mit anderen älteren Menschen einzusetzen.

Literatur

Bamford A (2006) The Wow-Factor. Global research compendium on the impact of the arts in education. Münster usw. (Waxmann).

Deutscher Kulturrat (Hg) (2009) Kulturelle Bildung: Aufgaben im Wandel. Berlin (Umfangreicher Materialband mit Übersichten und Dokumenten zum aktuellen kultur- und bildungspolitischen Diskurs, u. a. mit zahlreichen Stellungnahmen des Deutschen Kulturrates).

Deutscher Bundestag (Hg) (2008) Kultur in Deutschland. Schlussbericht der Enquete-Kommission. Mit allen Gutachten der Enquete sowie der Bundestagsdebatte vom 13.12.2007 auf DVD. Regensburg (ConBrio). Auch als Download beim Deutschen Bundestag verfügbar. Siehe: http://dip21.bundestag.de/dip21/btd/16/070/1607000.pdf (Zugriff: 16.10.09).

»Dossier Kulturelle Bildung« auf der Website der Bundeszentrale für politische Bildung mit Grundsatzartikeln rund um das Thema kulturelle Bildung. Siehe: http://www1.bpb.de/themen/PBRT2Y,0,0,Kulturelle_Bildung.html (Zugriff: 16.10.09).

Ermert K, Lang T (Hg) (2006) Alte Meister – Über Rolle und Ort Älterer in Kultur und kultureller Bildung. Wolfenbüttel (Wolfenbütteler Akademie-Texte Bd. 25).

Ermert K, Dallmann G, Ehlert A, Lang T (Hg) (2008) Alte Meister – Wie Ältere Kompetenzen in kultureller Bildung leben und nutzen. Wolfenbüttel (Wolfenbütteler Akademie-Texte Bd. 35).

Ermert K, Fricke A (Hg) (2009) Visionen für Generationen. Kommunale Entwicklungsstrategien im demografischen Wandel aus kultureller Perspektive. Wolfenbüttel (Wolfenbütteler Akademie-Texte Bd. 38).

Fricke A, Dow S (Hg) (2009) Cultural Participation and Creativity in Later Life. A European Manual. München (Kopaed).

de Groote K, Nebauer F (Hg) (2008) Kulturelle Bildung im Alter. Eine Bestandsaufnahme kultureller Bildungsangebote für Ältere in Deutschland. München (Kopaed).

Keuchel S, Wiesand A (Hg) (2008) Das Kulturbarometer 50+. »Zwischen Bach und Blues«. Bonn (Arcult).

Landesverband der Kunstschulen Niedersachsen (Hg) (2004) Bilden mit Kunst. Bielefeld (transcript).

Korrespondenzadresse:
Dr. Sabine Baumann und Dr. Karl Ermert
Bundesakademie für kulturelle Bildung Wolfenbüttel
Im Schloss, Postfach 1140
D-38281 Wolfenbüttel
E-Mail: *sabine.baumann@bundesakademie.de*;
karl.ermert@bundesakademie.de
Homepage: *www.bundesakademie.de*

Individuelle Identitätsentwicklung im Alter im Kontext freiwilligen Engagements

Ergebnisse einer empirischen Studie

Julia Steinfort (Oberhausen)

Zusammenfassung

Die Bedeutsamkeit von freiwilligem Engagement im *Dritten Alter* im Hinblick auf die individuelle Identitätsentwicklung wurde im Rahmen einer empirischen Studie untersucht. Dabei werden identitätsrelevante Entwicklungen im Zusammenhang mit dem freiwilligen Engagement herausgearbeitet. Weiteren Aufschluss geben ältere Freiwillige in einer qualitativen Längsschnittuntersuchung durch die Beschreibung ihres Engagements: Die Identitätsentwicklung im *Dritten Alter* verläuft nicht als linearer Prozess in einer festgelegten Abfolge, sondern individuell sehr unterschiedlich. Diese differenzierte Sicht von Identität hat Auswirkungen auf ein neues Leitbild für das *Dritte Alter*. Die Förderung persönlicher Entwicklungen sollte durch Bereitstellung von Entwicklungsarrangements verstärkt werden.

Stichworte: Identitätsentwicklung, Identitätszustände, *Drittes Alter*, freiwilliges Engagement, Geragogik

Abstract: Individual identity development in the third phase of life in context of volunteering – results of an empirical study

Within the framework of an empirical study, the significance of voluntary commitment in the third phase of life has been investigated with regard to the individual development of identity. In this connection, developments which are relevant for identity are presented in the context of voluntary commitment. Older volunteers supply further insights in a qualitative longitudinal study by means of describing their commitment. The development of identity in the third phase of life does not proceed as a linear process with a predefined order, but is rather highly individually varied.

This differentiated understanding of identity has an impact on a new concept for the third phase of life. The advancement and attendance of personal development should be strengthened by granting developmental arrangements.

Key words: identity development, identity status, third phase of life, volunteering, geriatrics

Einleitung

> »... ich musste so alt werden, damit ich überhaupt erst mal gemerkt habe, dass ich auch jemand bin und nicht immer nur Familie und Beruf.«
> Aus einem Interview mit Frau G.

Was genau passiert im Rahmen freiwilliger Tätigkeiten, wenn sich Menschen nach ihrer Zeit im Berufs- und/oder Familienleben – oftmals sehr bewusst – auf die Suche nach neuen Tätigkeitsfeldern machen? Was wünschen sie sich für diese Zeit? Und vor allem: Wie erleben und beschreiben Menschen in dieser Lebensphase und speziell im Engagement ihre Identität? Im Rahmen einer Dissertation an der Technischen Universität Dortmund konnte den Fragen im Rahmen einer eigenständigen empirischen Studie nachgegangen werden.

Identitätsentwicklung im *Dritten Alter* – Herausforderungen und Gestaltungsmöglichkeiten

Gerade im *Dritten Alter* stehen Menschen vor der Aufgabe, neue Antworten zu formulieren. Oftmals steht hinter der Frage: »Wer sind Sie?« die unausgesprochene Frage: »Was machen Sie beruflich?« (Wouters 2004). Wenn man im Ruhestand ist, hilft es nicht, sich auf den früheren Status zurückzubeziehen. Vielmehr ist ein Neuanfang bzw. eine Neubestimmung notwendig. Das *Dritte Alter*, also die Zeit nach dem Berufsleben und/ oder nach zentraler Familienverantwortung, bietet ganz eigene Gestaltungsmöglichkeiten. Diejenigen, die heute in diesem Lebensabschnitt sind, haben dabei im Vergleich zu früheren Ruhestandskohorten vermehrt die Möglichkeit, aber auch die Notwendigkeit, diese Lebensphase eigenständig zu füllen. Dabei geht es um Fragen der Sinnorientierung und um die individuell passende Ausgestaltung dieses Lebensabschnittes. Es gibt keine allgemeinen Vorstellungen darüber, wie sich Menschen im fortgeschrittenen Alter angesichts fundamentaler gesellschaftlicher Wandlungsprozesse und persönlich erlebter Umbrüche in Bezug auf ihre Identität entwickeln und wie sie diese meist viele Jahre umfassende Lebensphase für sich »stimmig und passend« interpretieren können.

Allerdings erweist sich das freiwillige Engagement als eine Möglichkeit, ein neues Selbstverständnis aufzubauen, die zunehmend genutzt wird. Etwa ein Drittel der Älteren übernimmt in dieser Lebensphase Aufgaben in Feldern freiwilliger, gemeinwohlorientierter Tätigkeiten (Gensicke 2006). Diese werden als identitätsfördernd und sinnstiftend beschrieben. Insofern liegt es nahe, hier Identitätsforschung voranzubringen.

Um die nachberufliche Lebensphase zu füllen – auch um Sinn-, Kompetenz- und Beziehungsverlusten entgegenzuwirken – interessieren sich viele Ältere für freiwillige Tätigkeiten. In diesem Engagement erleben sie sich weiterhin als aktiv. Dass im Alter die Lebenszufriedenheit entscheidend durch das Erleben eigener Aktivität und Produktivität gesteigert werden kann, ist in der gerontologischen Forschung vielfach belegt (Naegele 2008). Dies wird auch durch die Arbeit von Mühlig-Versen (2008) empirisch belegt, die den persönlichen Gewinn, z.B. durch die Aufrechterhaltung eines Produktivitätserlebens im *Dritten Alter*, nachweist. Auch die Frage, warum Menschen einen Weg ins *Freiwillige Engagement* finden, ist in Bezug auf vorhandene Motivlagen Älterer in der Forschungsliteratur mehrfach beantwortet (z.B. Freiwilligensurvey 2004, Engagementatlas 2009).

Weniger untersucht ist die Wirkung von freiwilligem Engagement auf der Ebene der Persönlichkeits- und Identitätsentwicklung. Hier geht es um die Beantwortung von Fragen wie: » *Was für ein Mensch will ich im Dritten Alter sein?* Wohin will ich mich entwickeln?« Im Fokus stehen dabei weniger ferne Träume als die konkrete Entwicklung von sogenannten Identitätsprojekten. Der Sozialpsychologe Keupp (2005, 69) führt dazu aus: »Heute kommt es auf die individuelle Passungs- und Identitätsarbeit an, also auf die Fähigkeit zur Selbstorganisation, zum ›Selbstständigwerden‹ oder zur ›Selbsteinbettung‹. In Projekten bürgerschaftlichen Engagements wird diese Fähigkeit gebraucht und zugleich gefördert«. Eine Konsequenz dieser Erkenntnisse ist daher nicht nur die gesellschaftliche Notwendigkeit. Die Förderung von Aktivitäten älterer Menschen muss von der Schaffung von sinnvollen Aufgaben- und Tätigkeitsfeldern nach individuellem Bedarf ausgehen, in denen Menschen ihre Identitätsprojekte entwerfen und verwirklichen können.

Freiwilliges Engagement kann so den Rahmen für Identitätsprojekte bieten (vgl. Steinfort 2006).

Empirische Untersuchung zur Identitätsentwicklung im *Dritten Alter* im Kontext freiwilligen Engagements

Von 2005 bis 2007 wurde das Engagement älterer Freiwilliger innerhalb des vom Forschungsinstitut Geragogik durchgeführten Modellprojektes »Pflegebegleiter« (Bubolz-Lutz u. Kricheldorff 2006) hinsichtlich der Frage individueller Identitätsentwicklung erforscht. Forschungsmethodisch wurde ein subjektivistischer und prozessorientierter Blickwinkel gewählt. Dazu wurde ein qualitativ-explorativer Forschungszugang entwickelt, in dem 39 problemzentrierte Interviews (N=13, Durchschnittsalter zum ersten Interviewzeitpunkt 64,7 Jahre) und eine Gruppendiskussion mit freiwillig engagierten Seniorinnen und Senioren (Durchschnittsalter 70 Jahre) miteinander kombiniert wurden. Das an die Erhebung anschließende systematische Auswertungsverfahren beleuchtet die Frage nach Identitätsentwicklungen im *Dritten Alter* im Kontext freiwilligen Engagements aus verschiedenen Perspektiven: In den Einzelfallanalysen konnten individuelle Entwicklungsverläufe anhand von Analysen der aktuellen Lebenssituationen, Lern- und Engagementerfahrungen, Selbstaussagen und speziellen Entwicklungsaufgaben aufgezeigt werden.

Das Identitätsentwicklungsmodell – Profilbildung verschiedener Verlaufsformen

Auf den empirischen Daten aufbauend wurde ein Identitätsmodell für mögliche individuelle Entwicklungen im *Dritten Alter* entworfen. In diesem Modell werden die von James E. Marcia (1993) – einem Schüler Eriksons – formulierten Identitätszustände aufgegriffen:

➤ übernommene Identität,
➤ diffuse Identität,
➤ Moratorium und
➤ erarbeitete Identität.

Der Zustand einer *übernommenen Identität* ist durch das Eingehen klarer innerer Verpflichtungen und durch Anlehnung an Orientierungen und Auffassung Anderer charakterisiert. Dieser Zustand übernommener Identität lässt sich in den Interviews dieser Studie auffinden, wenn die Personen darüber berichten, dass sie ihr Handeln schwerpunktmäßig an den Bedürfnissen und Erwartungen Anderer orientieren und ihre »Rolle« ausfüllen. Beispielhaft hierfür ist eine Befragte, die sich eher an den Erwartungen ihrer Familie als an ihren eigenen Wünschen orientiert. Sie sagt: *»Ich bin die Frau meines Mannes, ich bin die Mutter meiner Kinder und Oma und hab immer meine eigenen Wünsche zurückgestellt.«* Oder auch eine andere Frau, die sich erinnert: *»Ich hatte einen starken Vater, er sagte, was Sache war. Meinen Mann hab ich früh kennengelernt, da hatte ich das Gleiche wieder.«* Charakteristisch für die übernommene Identität ist, dass die Befragten den Zustand nicht als krisenhaft empfinden, sondern vielmehr aussagen: *»Ich fand das sehr angenehm, dieses Leben.«*

Eine eher *diffuse Identität* zeichnet sich durch Entscheidungsunfähigkeit und Beliebigkeit aus. Dieser Zustand zeigt sich in Interviews beispielsweise dann, wenn die Befragten darüber sprechen, entscheidungsunfreudig zu sein oder wenig eigene Vorstellungen zu haben. Dieser Zustand wird wenig krisenhaft erlebt. So erinnert sich Frau A. an eine Phase in ihrem Leben, die diesem Zustand zugeordnet werden kann: *»Vor meiner Heirat, da war man so allem Neuen gegenüber aufgeschlossen, nachher ging das zurück.«*

Kennzeichnend für ein *Moratorium* sind das Vorhandensein mehrerer Alternativen und aktuelle Auseinandersetzungen mit einem bestimmten Lebensbereich. Das Moratorium kann in den Interviews den Übergang zu einem anderen Identitätszustand darstellen, muss es aber nicht. Beispiel hierfür sind Schilderungen wie: *»Im Moment stehe ich vor einem Teil, wo ich nicht weiß, was jetzt eigentlich mit mir wird oder wie es überhaupt weitergeht.«* Das Ende eines Moratoriums ist zum Beispiel durch Aussagen wie diese markiert: *»Also jetzt denk ich, jetzt ist die Suche so langsam abgeschlossen, das Orientieren. Dass man jetzt weiß, wohin's geht. Also das Alter ist unausweichlich, und da das Beste draus zu machen und die Möglichkeiten mitzugehen, die einem geboten werden.«*

In den Zustand einer *erarbeiteten Identität* gelangt eine Person, wenn sie im jeweiligen Gegenstandsbereich den eigenen Standpunkt kritisch überprüft. Dies wird in den Interviews dann sichtbar, wenn die Befragten nach einer Phase eher krisenhafter Auseinandersetzungen zu einem eigenen Weg oder zu einem klareren Umgang mit bestimmten Situationen oder Lebensbereichen gelangen. In den Aussagen zeigt sich, dass jemand selbst bestimmt, was er möchte. So sagt eine Frau: »*Ich muss mir von niemandem mehr was sagen lassen. Ich kann jetzt selbst bestimmen, was ich möchte.*« Oder eine andere Frau resümiert: »*Identität ist bei mir erst ziemlich spät gewachsen. Dass man dann plötzlich wusste, das bin ich, das sind meine Wünsche, das will ich jetzt.*«

Das auf diesen vier Identitätszuständen aufbauende Modell bietet eine Interpretationsfolie, auf der die unterschiedlichen Verlaufsformen der Identitätsentwicklung, die durch das freiwillige Engagement beeinflusst wurden, eingeordnet und sichtbar gemacht werden können. Durch die Verzahnung von typischen Lebensthemen im *Dritten Alter*, subjektiv relevante Beweggründe zum Engagement und unterschiedliche Identitätszustände – die in der Studie ebenfalls erhoben wurden – lassen sich Identitätsprofile erstellen, in denen die verschieden Formen der Identitätsentwicklung im individuellen Fall abgebildet werden.

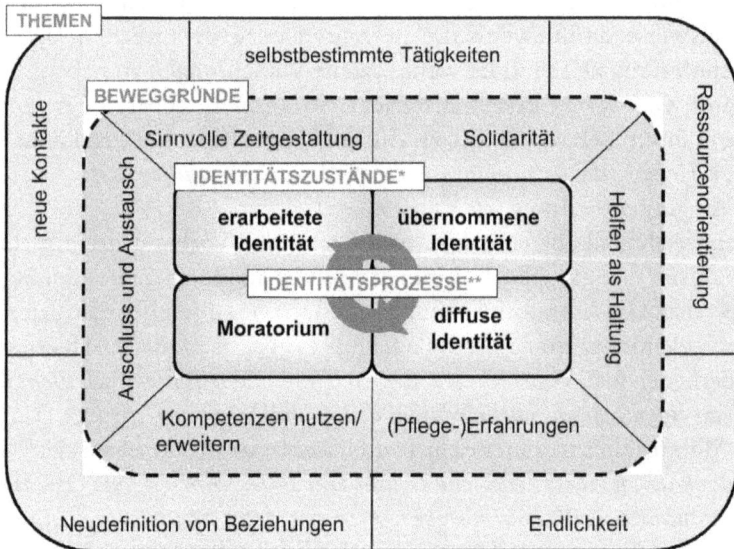

*Systematik übernommen von Marcia (1964, 1966, 1993)
** Prozesse können in unterschiedlichen Lebensbereichen zeitlich parallel und unterschiedlich verlaufen. Dabei gibt es keinen „Zielzustand"- Identität definiert sich im Wechsel dieser Zustände.

Abb. 1: Modell zur Identitätsentwicklung

Im Rahmen der Studie wurden die Ergebnisse der Interviews den vier Identitätszuständen zugeordnet. Nach dieser Zuordnung wurden unterschiedliche modellhafte Verläufe der Identitätsentwicklung herausgearbeitet, die sich im Zusammenhang mit dem freiwilligen Engagement im *Dritten Alter* entwickeln. Zwei Verlaufsformen werden im Folgenden exemplarisch vorgestellt:

Frau B., im Jahr 1949 geboren, erlebt ihr Drittes Alter als die Zeit, in der sie erstmals frei und unabhängig selbst bestimmen kann, wie sie diese füllen möchte. Zuvor war sie viele Jahre als Industriekauffrau tätig. Sie lebt mit ihrem berufstätigen Mann in einem gemeinsamen Haus. Die Frage, welche persönlichen Schwerpunkte sie in ihrer aktuellen Lebensphase setzen möchte, stellt für sie ein zentrales Thema dar. Als Beweggründe, weshalb sie sich für ihr Engagement entschieden hat, benennt sie zum einen ihr – wie sie es nennt – »Helfersyndrom« und zum anderen den Wunsch nach sinnvoller und sinnstiftender Zeitgestaltung. Diese dominierenden Beweggründe können in der schematischen Darstellung markiert werden. Im Laufe der drei Interviews zeigt sich eine Entwicklung, die schematisch zunächst als Pfeil in Abb. 2 vermerkt ist.

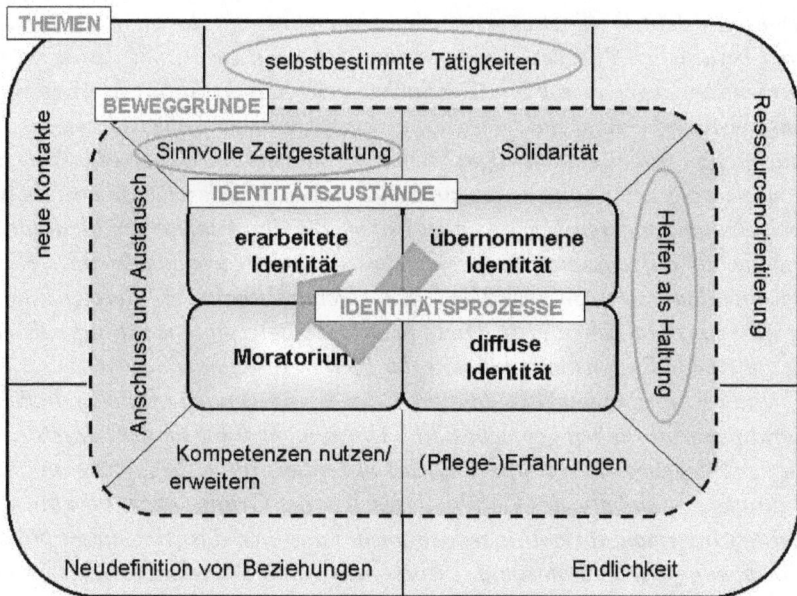

Abb. 2: Identitätsentwicklung am Beispiel Frau B.

Ihre aktuelle Lebenssituation beschreibt Frau B. als Phase der Selbstverwirklichung, die nicht mehr mit ihrer Berufstätigkeit zusammenhängt. Folgendes Ankerbeispiel aus dem ersten Interview gibt einen Einblick in die Biografie von Frau B. So sagt sie: »Zu meiner Zeit wurde man nicht gefragt, was man werden möchte, da war ein Betrieb und so wurde ich Industriekauffrau.« *Sich selbst zu verwirklichen und eine persönlich passende, sinnvolle Zeitgestaltung zu finden, drückt sich bei Frau B. jetzt in einem aktiven Suchprozess aus. In verschiedenen Feldern des freiwilligen Engagements findet sie eine Möglichkeit, ihren eigenen Weg zu gehen. Die Tätigkeiten in diesen Feldern haben für sie eine starke Identitätsrelevanz. Sie berichtet in allen Interviews sehr positiv über viele Situationen, in denen sie tätig werden kann. Innerhalb ihres Freundes- und Bekanntenkreises ist das freiwillige Engagement jedoch weniger üblich, sodass sie ihre Entscheidungen selbstbewusst vertreten muss, was sich auch in folgender Aussage äußert:* »Ich steh' dahinter, da kann mich keiner von abbringen.«

Anders als bei Frau B. steht bei Frau E. bei der Suche nach einem freiwilligen Engagement weniger eine persönliche Neuausrichtung als die Suche nach Kontakt im Vordergrund. Frau E. – geschieden, ehemals Lehrerin, geboren 1943 –, erlebt ihr Drittes Alter als Lebensphase, in der sie nach privaten und beruflichen Pflegeerfahrungen nun Menschen sucht, mit denen sie sich gemeinsam engagieren kann. Die Suche nach Kontakt ist für sie – wie in den Interviews erkennbar wird – jedoch nicht nur in dieser Lebensphase, sondern auch schon früher, ein wichtiges Thema. Sie möchte Anschluss und Austausch sowie die eigenen Kompetenzen nutzen und erweitern, sie will also ihre Haltung beibehalten, anderen Menschen zu helfen. Bei der Analyse der Identitätszustände fällt auf, dass sich ihr persönliches und immer wiederkehrendes Thema »Kontaktaufbau zu anderen Menschen« *auch innerhalb der Interviews immer wieder nachvollziehen lässt. Diese pendelnde Bewegung weist auf eine eher stagnierende Entwicklung hin, wie der Pfeil in Abbildung 3 zeigt.*

Frau E. spricht darüber, dass sie in der Vergangenheit oftmals schwierige Gruppenerfahrungen gemacht hatte. Umso mehr freut sie sich, dass sie sich in der Pflegebegleitergruppe zunächst akzeptiert fühlt. So sagt sie im ersten Interview: »Ich habe das Gefühl, dass ich in der Gruppe akzeptiert bin.« *Im dritten Interview spricht sie jedoch wieder darüber, dass sich dieses positive Gruppengefühl verändert hat. Insbesondere eine Teilnehmerin* »attackiere« *sie, sie fühle sich* »gemobbt«. *Für diese Entwicklung sieht sie sich selbst nicht als (mit-)verantwortlich, sie sucht das Fehlverhalten aufseiten der anderen Teilnehmer:* »Ich möchte mit denen kommunizieren, aber die wollen es

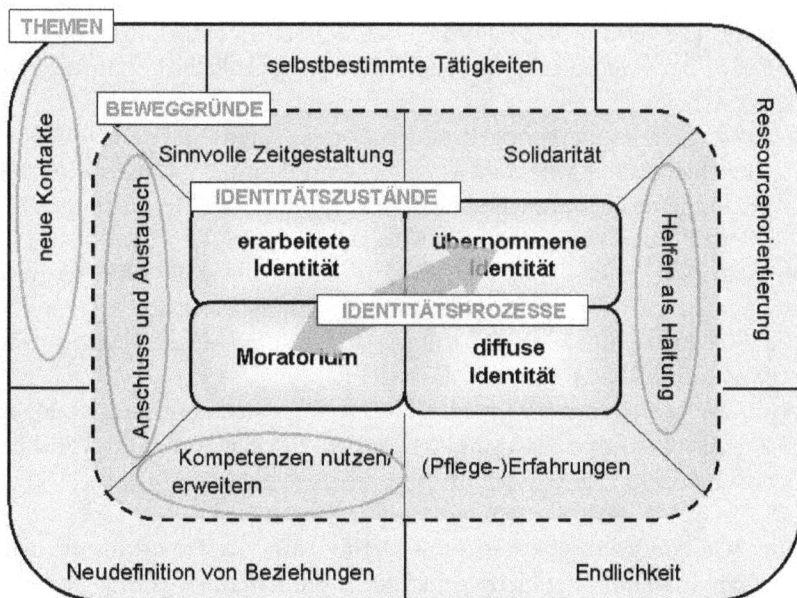

Abb. 3: Identitätsentwicklung am Beispiel Frau E.

nicht.« Letztlich betont sie auch, dass sie sich nicht ändern wolle. Da sie so etwas bereits mehrfach im Leben erlebt hatte, kann diese Entwicklung als stagnierend und pendelnd zwischen den Identitätszuständen Moratorium und »übernommene Identität« beschrieben werden.

Im Rahmen der Studie ließen sich weitere Verlaufsformen identifizieren. Unterlagen dazu können bei der Autorin angefordert werden.

Praktische Implikationen

Individuelle Lebensläufe können mit einem differenzierenden Modell der Identitätsentwicklung erfasst werden. In diesem ist die Entwicklung kein linearer Prozess mit festgelegter Abfolge, es lassen sich jedoch klar identifizierbare Identitätszustände herausarbeiten. Diese sind in ständigem Wandel begriffen und können für die einzelnen Lebensbereiche jeweils unterschiedlich ausfallen. Eine solch differenzierte Sicht der Identität hat Auswirkungen:
➢ *auf das gesellschaftliche Leitbild der Identitätsentwicklung im Dritten*

Alter: Die verschiedenen Formen der Identitätsentwicklungen bei älteren Freiwillige machen es notwendig, dass unterschiedliche Entfaltungsräume in der Freiwilligenarbeit zur Verfügung stehen.

➤ *auf das gesellschaftliche Altersbild*: Die eigenständige Balancierung zwischen Selbst- und Mitverantwortung ist ein zentrales Anliegen Älterer. Die gesellschaftliche Wahrnehmung dieses Anliegens von Menschen im *Dritten Alter* erfordert ein verändertes Altersbild.

➤ *auf die Engagementpolitik*: Der Bedarf an speziellen Entwicklungsarrangements, wie z. B. an der Schaffung von Gestaltungsfreiräumen, ist groß. Sie sollten bei heterogenen Identitätsverläufen Raum bieten oder intrinsische Motivation älterer Freiwilliger fördern.

➤ *auf die geragogische Bildungsarbeit*: Gefragt sind spezielle geragogische Begleitungskompetenzen und Methoden, die zur Förderung von Identitätsentwicklungsprozessen im Alter beitragen können.

Aber wie können solche speziellen Methoden in der Praxis aussehen? Beispielhaft seien hier drei Herangehensweisen skizziert:

1. Freiwillige könnten sich darüber austauschen, welche neue Qualität ihr Leben im *Dritten Alter* hat und welcher Raum für Selbstbestimmung bislang in ihrem Leben vorhanden war. Sie könnten beispielsweise eine »*Lebens-Landkarte*« selbstbestimmter Tätigkeiten aufzeichnen und über die »Berge und Täler« auf dieser Karte miteinander ins Gespräch kommen, mit dem Ziel, in der derzeitigen Lebenssituation Perspektiven und »*Landschaften*« zu öffnen, wie dies vormals nicht möglich war.

2. In Vorbereitungskursen kann man die Sinnfrage des gewählten Engagements reflektieren. Die Kursleitung könnte die Frage stellen: »*Aus welchen Erfahrungen schöpfen Sie jetzt Ihr Engagement? Was prägt Ihr Denken und Fühlen?*« Die Auseinandersetzung mit solchen Fragen ist notwendig, wenn man sich freiwillig im sozialen Feld engagieren will. Wer fähig wird, sein eigenes Leben zu hinterfragen, kann auch zu einer inspirierenden Quelle für andere werden. Methodisch können die verschiedenen Werte formuliert und dann in eine hierarchische Ordnung gebracht werden: zuerst jeder für sich und in einem zweiten Schritt in der Gruppe, um zum Austausch über Sinnfragen zu gelangen.

3. Letztlich sollte sich in solchen Bildungsprozessen das didaktische Prinzip der Reflexivität auch in konkreten Methoden niederschlagen. Beispielsweise können persönliche *Engagement-Tagebücher* geführt werden, in denen die Freiwilligen ihre Erfahrungen und Eindrücke festhalten. Sie

können sich dabei fragen, was sie überrascht hat, wie sie ihre eigene Position einschätzen und was sie lernen möchten. Die Ergebnisse der vorliegenden Studie zeigen, dass es keinen Stillstand der Identitätsentwicklung der Freiwilligen gibt, sodass sich immer wieder neue Ausgangspunkte zur Reflexion ergeben.

Ausblick

Menschen, die ins *Dritte Alter* eintreten, müssen sich hinsichtlich ihrer Tätigkeiten sowohl strukturell als auch individuell neu ausrichten. Diese unterscheiden sich meist erheblich von den Aufgaben im bisherigen Berufs- und Familienleben. Freiwillig übernommene Tätigkeiten weisen eine eigene Qualität auf, das Engagement ist eng mit dem eigenen Identitätserleben verknüpft. Als Ergebnis der Studie ergibt sich eine neue Sicht auf die nachberufliche Lebensphase: Das *Dritte Alter* wird zu einer Zeit des »bewegten Alterns«, das individuelle, aktive und vielfältige Identitätsauseinandersetzungen fordert. Die Begleitung und Unterstützung dieser Entwicklung durch alle Berufsgruppen, die mit Älteren – nicht nur, aber auch psychotherapeutisch – arbeiten, verspricht großen Gewinn.

Literatur

Bubolz-Lutz E, Kricheldorff C (2006) Freiwilliges Engagement im Pflegemix – neue Impulse. Freiburg (Lambertus).

Gensicke T (2006) Freiwilliges Engagement älterer Menschen im Zeitvergleich. In: Gensicke T, Picot S, Geiss S (Hg) Freiwilliges Engagement in Deutschland 1999–2004. Wiesbaden (VS Verlag für Sozialwissenschaften) 265–301.

Keupp H (2005) Die reflexive Modernisierung von Identitätskonstruktionen: Wie Identität heute geschaffen wird. In: Hafeneger B (Hg) Subjektdiagnosen. Subjekt, Modernisierung und Bildung. Schwalbach (Wochenschau Verlag) 60–91.

Marcia JE (1993) The status of the statuses: Research review. In: Marcia JE, Waterman AS, Matteson DR, Archer SL, Orlofsky JL (Hg) Ego identity. A handbook for psychosocial research. New York (Springer) 22–41.

Mühlig-Versen A (2008) Personality Development in Older Age. Dissertation. Bremen.

Naegele G (2008) Demografischer Wandel – Auswirkungen auf den großen und kleinen Generationenvertrag. Vortragsmanuskript zum Kompaktseminar Ethik in Altenpolitik und -arbeit Heidelberg 26.–28.6.2008. Abrufbar unter http://www.fb12.uni-dortmund.de/lehrstuehle/iso/gerontologie/ (Zugriff 28.05.2009).

Prognos (2009) Engagementatlas 2009. Im Auftrag der AMB Generali Holding AG. Berlin.

Steinfort J (2006) Identitätsfördernde Faktoren im Bürgerschaftlichen Engagement in der nachberuflichen Phase. Forum Erwachsenenbildung 1: 39–44.

Wouters G (2005) Zur Identitätsrelevanz von Freiwilligem Engagement im dritten Lebensalter. Anzeichen einer Tätigkeitsgesellschaft. Herbolzheim (Centaurus).

Weiterführende Literaturangaben können bei der Verfasserin angefragt werden. Alle aufgeführten Ankerbeispiele stammen aus den im Rahmen der Dissertation erhobenen Interviews.

Korrespondenzadresse:

Julia Steinfort

Forschungsinstitut Geragogik

Wickstr. 6

D-46049 Oberhausen

E-Mail: *steinfort@fogera.de*

Freiwilligenengagement und Weiterbildung
Das Projekt GRIPS – kompetent im Alter

Angelika Trilling (Kassel)

Zusammenfassung

Am Beispiel des Projektes *GRIPS – kompetent im Alter* wird eine Möglichkeit kommunaler Altenhilfe dargestellt, über speziell qualifizierte Freiwillige ein niedrigschwelliges Bildungsangebot für ältere Menschen durchzuführen. Ziel solcher Angebote ist die Gesundheitsförderung verbunden mit der Verbesserung der sozialen Teilhabe.

Stichworte: Freiwilligenengagement, niedrigschwellige Weiterbildung, gesundheitliche Vorbeugung, soziale Ausgrenzung im Alter

Abstract: Volunteer work and lifelong learning. The project GRIPS – competence in old age

GRIPS – competence in old age is a project initiated by the community. Volunteers are trained to organize reach groups for older people at risk of social exclusion. The group meetings offer special training to promote physical strength and cognitive performance and at the same time promote social contacts among participants. First experiences are reported.

Key words: volunteer work, out-reach training, health prevention, social exclusion in old age

Projektbeschreibung

Gemeinsam mit lokalen Partnern[1] entwickelte das Referat für Altenarbeit

---

1 Das war bis Herbst 2009 die Volunta gGmbH, eine Tochtergesellschaft des Deutschen Roten Kreuzes Hessen und Einsatz- und Qualifizierungsstelle für Freiwilligendienste. Seit Sommer 2009 ist das Seniorenreferat der evangelischen Kirche Kassel Partner der Stadt Kassel.

der Stadt Kassel 2007 das Projekt *GRIPS – kompetent im* Alter. Menschen, die sich freiwillig in der Altenarbeit engagieren wollten, erhielten dabei die Möglichkeit zu einer für sie kostenlosen Ausbildung als SimA®-50+-Trainer[2] (Selbstständig im Alter). Im Anschluss wurde von ihnen erwartet, hierauf basierende Trainingsgruppen in unterschiedlichen Stadtteilen aufzubauen. Ziel dieses Projektes war es, die Teilhabechancen von Menschen zu verbessern, die von sozialer Ausgrenzung bedroht werden.

GRIPS wandte sich damit an die beiden »typischen« Alterspopulationen der »jungen« und der »alten Alten«, indem es der einen Gruppe neue Chancen des bürgerschaftlichen Engagements eröffnete und der anderen eine verbesserte soziale Einbindung bot. Dabei profitierte GRIPS von einer Förderung innerhalb des Projektverbundes SenEmpower. Neben einer knapp zweijährigen Anschubfinanzierung der Europäischen Kommission erfolgte hierdurch auch ein fachlicher Austausch mit Partnern aus fünf Ländern, die vergleichbare Ansätze erprobten.[3]

Das Projekt GRIPS lässt sich in drei Phasen unterteilen:

➤ Qualifizierung der Freiwilligen nach der Methode SimA®-50+,
➤ Vertiefung und Vorbereitung der Gruppentreffen und
➤ Durchführung der GRIPS-Trainingsgruppen.

Qualifizierung der Freiwilligen nach der Methode SimA®-50+

Presseberichte, Anschreiben an Multiplikatoren und potenzielle Partner – wie Kirchengemeinden, Wohnungsbaugesellschaften und Begegnungszentren – sowie die Mund-zu-Mund-Propaganda führten dazu, dass sich innerhalb kurzer Zeit etwa 30 Interessierte meldeten. Nach ausführlichen Einzelinterviews entschieden sich sechzehn Frauen und ein Mann für die Teilnahme. Ihr Alter lag zwischen 31 und 72 Jahren bei einem Durchschnitt von 58 Jahren.

Nach einem Kennenlerntreffen, bei dem noch einmal Ablauf und Ziel des Projektes erörtert wurden, erfolgte in drei zweitägigen Kompaktseminaren die Ausbildung zu SimA®-50+-Trainern. Sie wurde von Mitarbeitern der SimA-Akademie Nürnberg fachspezifisch zu den Themenbereichen Gedächtnistrai-

---

2 Siehe hierzu in diesem Heft: Wachter et al., S. 103–106.
3 Beteiligt waren neben Kassel Projekte in Kaunas, Rom, Graz, Lancashire und im Landkreis Offenbach. Die Ergebnisse finden sich als Handreichungen und Empfehlungen für ein Curriculum unter http:/www.senempower.eu/project/index.php?m=volunteers&s=0.

ning, Psychomotorik und Alltagskompetenz in Kassel durchgeführt. Als Teil der SimA®-50⁺-Ausbildung wurden dabei auch Methoden der Gruppenleitung und der didaktischen Umsetzung vermittelt.

Vertiefung der SimA®-50⁺-Ausbildung und Vorbereitung der Gruppentreffen

In acht von Projektmitarbeitern moderierten Begleittreffen hatten die Freiwilligen in der Folge die Möglichkeit, die Inhalte der sehr kompakten SimA®-50⁺-Schulung zu vertiefen und den Aufbau der Gruppen vorzubereiten. So wurden etwa in kleinen Teams Übungsstunden erarbeitet und präsentiert, Werbestrategien überlegt und organisatorische Fragen geklärt.

Vorgesehen war, dass die Freiwilligen jeweils zu zweit eine Trainingsgruppe durchführen – möglichst in dem Stadtteil, in dem sie selbst wohnen. Dabei sollten sie eine Anbindung an einen dort verankerten und bekannten Träger, wie an eine Kirchengemeinde, einen Seniorentreff oder eine Wohnungsbaugesellschaft suchen. Die meisten Freiwilligen verfügten bereits über eine enge Bindung an einen Träger oder waren sogar gezielt von dort entsandt worden. Andere begannen im Laufe der Ausbildung, sich um geeignete Veranstaltungsorte und lokale Partner zu kümmern. In dieser Projektphase wurden die beruflichen und sonstigen Vorerfahrungen der Freiwilligen, ihre örtliche Verwurzelung und die eigenen Lernerfahrungen zu einer wichtigen Ressource der Umsetzung. Nach Bedarf stand den Freiwilligen fachliche und organisatorische Unterstützung durch die Projektverantwortlichen zur Verfügung, viele Fragen klärten die Teilnehmer allerdings untereinander.

Drei Teilnehmerinnen schieden nach dem SimA-Training aus persönlichen Gründen aus[4]. Die verbliebenen vierzehn Freiwilligen bildeten fünf Zweierteams, zwei der Teilnehmerinnen hatten inzwischen Bekannte gewonnen, die zwar (noch) keine SimA®-50⁺-Ausbildung absolviert hatten, aber in der Gruppe mitarbeiten wollten. Zwei weitere Teilnehmer machten sich allein an die Umsetzung.

Die Einrichtungen, in denen die Freiwilligen ihre Trainingsgruppen durchführten, leisteten – wenn auch in unterschiedlichem Umfang – Unterstützung. Um die anfallenden Materialkosten – etwa für Kopien von Gedächtnis-

---

4 Alle Teilnehmer hatten sich vor der SimA-Ausbildung zwar schriftlich verpflichtet, eine gewisse Anzahl von Gruppenstunden durchzuführen – eine Verpflichtung, die sich allerdings nicht einklagen lässt.

übungen, Flipchartpapier und Getränke – zu finanzieren, wurde von den Teilnehmern ein Unkostenbeitrag von ein bis zwei Euro erhoben. Wo Kirchengemeinden diese Kosten übernahmen, war die Teilnahme kostenlos.

In Abstimmung mit den Freiwilligen entstand ein Informationsblatt, mit dem für die Gruppen geworben wurde. Die beteiligten Kirchengemeinden nahmen das Angebot zudem in ihre Gemeindebriefe auf und Pfarrer wiesen von der Kanzel darauf hin. Die Freiwilligen waren darüber hinaus in »ihren« Stadtteilen unterwegs, legten die Informationsblätter in Apotheken und Geschäften aus und sprachen ihre Hausärzte an. Einige entwickelte viel Kreativität im »Direkt-Marketing«, wenn sie etwa in Nachbarschaft und Bekanntenkreis mit kleinen Übungen das SimA®-50⁺-Training schmackhaft zu machen suchten.

Durchführung der GRIPS-Trainingsgruppen

An neun Stadtteilen im Stadtgebiet entstanden ab Herbst 2008 insgesamt zehn GRIPS-Gruppen. In einer Kirchengemeinde wurden aufgrund der hohen Nachfrage gleich zwei Gruppen durchgeführt. Bis Februar 2009 hatten überall mindestens zehn etwa zweistündige Trainingseinheiten stattgefunden. Dem einzigen männlichen Teilnehmer, der sich im gewerkschaftlichen Bereich engagieren wollte, gelang es erst – nach einiger Überzeugungsarbeit – im Frühjahr 2009 eine Gruppe aufzubauen. Inzwischen konnte er in Gewerkschaftskreisen insgesamt Interesse am Projektansatz wecken.

Knapp 90 Personen verteilt auf die zehn Gruppen nahmen recht regelmäßig an den meist wöchentlichen Treffen teil, die bis zum Sommer 2009 fortgeführt wurden. Nach der Sommerpause setzten elf Freiwillige ihre Gruppenarbeit – zum Teil mit neuen Teilnehmern – fort. Insgesamt sechs neue Freiwillige waren bis dahin von den Gruppenleitungen in die Arbeit einbezogen worden und nahmen nun an der im Herbst 2009 durchgeführten zweiten SimA®-50⁺-Ausbildung teil.

GRIPS – kompetent im Alter,
ein Blick in die praktische Gruppenarbeit

Was aber passiert nun in den GRIPS-Gruppen? Das Material der SimA-Akademie, das alle Gruppenleitungen zur Verfügung haben und von dem zumindest Teile in der Ausbildung durchgearbeitet werden, sieht eine recht klare Gliederung des insgesamt auf 30 Treffen angelegten Trainings vor: Alle Treffen enthalten 30 Minuten psychomotorisches Training, in 20 der Treffen wird etwa 60 Minuten das Gedächtnis trainiert und in den verbleibenden zehn Treffen geht es um Fragen der Alltagskompetenz und der Auseinandersetzung mit dem Älterwerden. Dabei wird möglichst flexibel auf die Themen reagiert, die von Gruppenmitgliedern selbst angesprochen werden.

Aus der Vielzahl der Übungen, die das SimA-Programm vorgibt, wählen die Trainer die Vorschläge aus, die der jeweiligen Leistungsstärke der Teilnehmer entsprechen. Eine große Herausforderung ist dabei die »innere Differenzierung«, also die individuelle Berücksichtigung besonders schwacher oder starker Gruppenmitglieder. Es soll keine Überforderung stattfinden, jeder kann allerdings auch feststellen, wie anfangs schwierige Übungen durch Lernen und Trainieren immer leichter fallen. Gleichgültig ob bei Psychomotorik, Gedächtnistraining oder Alltagskompetenz – es geht beim Training immer vom Vertrauten zum Neuen, vom Leichten zum Schweren und vom Einfachen zum Komplexen.

Ein Treffen beginnt etwa mit einer Aufwärm- und Lockerungsübung: Hände und Arme werden leicht geschüttelt, die Finger gestreckt und gekrümmt, mit den Füßen wird im Takt gestampft. Schließlich geht man zu Koordinationsübungen über, bei denen Hände und Knie, Schultern und Kopf, Fußspitzen und Fersen in bestimmten Kombinationen bewegt und zueinander gebracht werden. Spätestens an dieser Stelle stellt sich Heiterkeit über misslingende oder glückende Bewegungsvariationen ein. Die Teilnehmer sind stolz, wenn die Bewegungen immer besser klappen.

Es können Übungen zum Gleichgewicht folgen, bei denen die Teilnehmer erst im Sitzen und später im Stehen und Gehen ihr Körpergefühl erfahren und dabei den gezielten Einsatz der Muskulatur zur Stabilisierung kennenlernen. Diese Übungen werden so gestaltet, dass man im Alltag davon profitiert. *(Bei welcher Fußstellung hält man im anfahrenden Bus am besten Balance?)*

Nach 20 bis 30 Minuten wird das Gedächtnistraining begonnen. Übungen dazu werden eingebettet in kurze Erläuterungen über das Funktionieren des Gedächtnisses und über die altersbedingten Veränderungen. Aufmerksamkeit und Konzentration können etwa durch den Farb-Wort-Test (Oswald 1998, 77) geschult werden: Die Informationsverarbeitung wird dabei trainiert und verbessert, indem die Teilnehmer/-innen versuchen, so schnell wie möglich. Zahlenmuster aus Zahlentabellen herauszufinden (Oswald 1998, 175) oder aus einem Text bestimmte Buchstaben herauszustreichen und im Anschluss inhaltliche Fragen zum Text zu beantworten (Oswald 1998, 177). Die Merkfähigkeit wird durch Mnemostrategien gestärkt, wenn man etwa versucht, sich Namen besser zu merken, indem man sie mit bildhaften Vorstellungen verknüpft (Oswald 1998, 325). Nach jeder Gedächtnistrainingsstunde werden Übungsblätter zum Anreiz für weiteres Üben mit nach Hause gegeben – ein von vielen Teilnehmern eifrig befolgtes Verfahren.

Zum Ausklang ist wieder Bewegung angesagt – gerne auch mit Übungen, die die Teilnehmer miteinander in körperlichen Kontakt bringen und zum Singen einladen. Ein großer Erfolg ist regelmäßig ein mehr oder weniger dynamisches Herumlaufen im Kreis, bei dem sich die Teilnehmer in Schlangenlinien aneinander vorbei bewegen und sich dabei mal mit der linken, mal mit der rechten Hand abklatschen und gleichzeitig ein Wanderlied singen. So gehen die Teilnehmer beschwingt und motiviert nach Hause und freuen sich auf das nächste Mal.[5]

Vorläufige Projektbewertung

Was mit einer eher vorsichtigen Erprobung begann, scheint zu einer Erfolgsgeschichte zu werden, die ein beträchtliches Maß an freiwilligem Engagement generiert und zunehmend an Profil gewinnt. Die Stadt Kassel hat daher entschieden, den Fortbestand von GRIPS nach Auslaufen der EU-Förderung im Rahmen der kommunalen Altenhilfe zu sichern. Als neuer Partner konnte das Seniorenreferat der *Evangelischen Kirche Kassel* gewonnen werden, wodurch zusätzliche Perspektiven entstehen. Als Servicestelle des Stadtkirchenamtes ist das Seniorenreferat stadtteil- und quartiersorientiert ausgerichtet und unterstützt die einzelnen Kirchengemeinden bei der Entwicklung zeitgemäßer Altenarbeit. Im Blickpunkt stehen dabei Gemeindemitglieder, die kurz vor oder nach dem Ausscheiden aus dem Erwerbsleben nach neuer Orientierung suchen.

Im Frühjahr 2009 gaben dreizehn Gruppenleiter/-innen in einem halboffenen Fragebogen über ihre Erfahrungen und Erwartungen Auskunft. Es folgte ein gemeinsames Evaluationstreffen, das ergänzt wurde durch eine telefonische Befragung der gastgebenden Institutionen. Die hier gesammelten

---

5 Ich danke der Kasseler Projektkoordinatorin Birgit Schwalm für ihre Unterstützung bei diesem Blick in die Praxis.

Informationen sind Grundlage der nachfolgender Projekteinschätzung[6], in der einige zentrale Fragestellungen der Bildungsarbeit mit älteren Menschen aufgegriffen werden.

GRIPS als Einladung zum »neuen Ehrenamt«

Bei den Personen, die sich für die Leitung der GRIPS-Gruppen interessierten, handelte es sich, wie erwartet, primär um Vertreter der »jungen Alten«[7], die zudem überwiegend aus Berufsfeldern kamen, die eine gewisse Nähe zum Anliegen des Projektes hatten: Lehramt, Gesundheitsberatung und Krankenpflege, einige waren auch aus kaufmännischen oder hauswirtschaftlichen Bereichen. Alle Freiwilligen waren bereits auf die eine oder andere Weise bürgerschaftlich engagiert und suchten durch GRIPS *»neue Erfahrungen mit älteren Menschen«* oder eine Ergänzung ihrer bisherigen Tätigkeiten, weil beispielsweise *»der Besuchsdienst schon viel Freude macht«*.

Teilnehmer/-innen, die bereits aus dem Berufsleben ausgeschieden waren oder kurz davor standen, sahen in GRIPS die Möglichkeit zur Umorientierung: *»Ich möchte freie Zeit einer sinnvollen Tätigkeit widmen«* oder *»einen neuen Lebensabschnitt mit der Möglichkeit zur Neuorientierung beginnen«*.

GRIPS forderte von den Freiwilligen erheblichen Einsatz. Dies schien für sie durch den hohen Standard der Ausbildung allerdings aufgewogen: *»Qualifizierte Fortbildung mit fundierter Studie als Grundlage«*, und noch spezifischer: *»Die theoretischen Grundlagen durch die Uni Erlangen halte ich für ganz wichtig«*. Besonders begrüßte dies, wer bereits über einschlägige Vorkenntnisse verfügte: *»Erfahrung mit entsprechenden Kursen bereits vorhanden, Wunsch nach vertiefender Ausbildung.«*

Wie die *Enquete-Kommission Bürgerschaftliches Engagement* ermittelte (2002, 43), ist ein Engagement in der Altenarbeit besonders attraktiv für Menschen in der zweiten Lebenshälfte. Die Freiwilligen bei GRIPS erkannten in ihrer Tätigkeit unmittelbaren Gewinn für ihr eigenes Älterwerden: *»Ich habe*

---

6 Da die Projektverantwortlichen nicht in unmittelbarem Kontakt zu den Teilnehmerinnen und Teilnehmern der Trainings-Gruppen vor Ort standen, stützen sich alle Aussagen auf die Informationen der Freiwilligen.

7 Die 31-jährige Freiwillige befand sich Elternzeit – ebenfalls eine Lebensphase, in der es um Neuorientierung geht und um den Wunsch, vorhandene Fähigkeiten – in ihrem Falle, den Beruf der Ergotherapie – zu erhalten und weiter zu entwickeln. Eine weitere, jüngere Teilnehmerin nutzte die Zeit ihrer Arbeitslosigkeit für das Engagement.

bei mir selbst gemerkt, dass z. B. die Geschwindigkeit bei dem Farbwort-Test zunimmt, (...) auch die Psychomotorik wird durch Üben gesteigert« und: Wir können mit GRIPS *»älteren Menschen und uns selbst Mut machen beim Älterwerden und Altsein«.*

Mit der hohen Eigenverantwortung sprach GRIPS vor allem Menschen an, die sich im Sinne des »neuen Ehrenamts« engagieren und den Wunsch nach »Gestaltung« realisieren wollen (Geislingen-Studie 1995). Dazu gehört das Interesse, in gesellschaftlich relevanten Bereichen tätig zu sein. So sah eine Freiwillige ihr Engagement explizit als *»Beitrag für die Bewältigung des demographischen Wandels«.*

Die Freiräume zur Selbsterprobung und die gemeinsame Vorbereitung und Reflexion der Tätigkeit, die konstituierende Elemente des Projektes waren, führten zu einem durchaus selbstbewussten Umgang mit dem SimA®-50⁺-Material, was sich in der Äußerung: *»Wir haben unser eigenes ›Programm‹ entwickelt, das uns und den Teilnehmern Spaß machte«* spiegelte.

GRIPS als selbstgesteuertes Weiterbildungsangebot

Weiterbildungsangebote für Menschen jenseits der Erwerbsphase müssen die besonderen Lernwünsche und Lerngewohnheiten der Teilnehmer berücksichtigen. Unter den komplexen Motiven, die einen Erwachsenen zur Teilnahme an organisierten Lernangeboten bewegen, entfällt mit dem Ausscheiden aus dem Erwerbsleben zumindest das extrinsische Motiv der beruflichen Verwertbarkeit. Andere Beweggründe, wie die Orientierung in einer neuen Lebensphase und die Auseinandersetzung mit neu auftauchenden Lebens- und Sinnfragen treten stärker in den Vordergrund. Wer sich ab dem sechsten oder siebten Lebensjahrzehnt einer organisierten Lernveranstaltung aussetzt, verfügt über eine ausgeprägte Lernbiografie und erwartet, dass ihr Wissen didaktisch und inhaltlich Berücksichtigung findet. Weiterbildungsangebote für ältere Menschen sollten also die vorhandenen Kompetenzen und Erfahrungen der Teilnehmer einbeziehen, wobei sich Formen des selbstgesteuerten Lernens (Bubolz-Lutz 2002) empfehlen.

GRIPS kam durch sein beteiligungsorientiertes Konzept diesen Erwartungen in hohem Maße entgegen. Mitunter wurden vielleicht sogar die Bereitschaft und die Fähigkeit der Teilnehmer durch die mit der Erprobungsphase verbundenen Unklarheiten überstrapaziert, was eine Teilnehmerin zu der Bemerkung veranlasste, dass *»organisatorische Dinge ungeklärt waren«.*

Mindestens ebenso wertvoll wie die Eigenverantwortung der Teilnehmer ist ihr inhaltlicher und organisatorischer, wenn nicht »kultureller« Beitrag, den sie als selbst bereits jenseits der Lebensmitte stehende und in vielfältigen Stadtteilstrukturen verwurzelte Bürger leisten konnten. Um den Prozess der zunehmenden Selbstverantwortung und Selbstorganisation zu begleiten und bei Bedarf beratend oder steuernd einzugreifen, stand und steht den Freiwilligen – wie schon berichtet – über den gesamten Zeitraum eine Fachkraft als »Moderatorin« zu Seite. Die Moderatorin nahm an den Treffen der Gesamtgruppe teil und konnte außerdem von einzelnen Freiwilligen gerufen werden. So nahm sie auf Wunsch an einer der dezentralen Trainingsgruppen teil, um den Freiwilligen über die ersten Unsicherheiten der Gruppenleitung hinweg zu helfen. Diese kontinuierliche und dabei flexible Projektbegleitung wurde von den Freiwilligen positiv bewertet. *»Frau S. war bei den Begleittreffen anwesend und mit Rat und Tat dabei.«* Wichtig wurde allerdings zunehmend der Austausch der Freiwilligen untereinander: *»Die Anregungen von Frau W. (ebenfalls eine Freiwillige) waren für mich sehr hilfreich.«*

GRIPS – Weiterbildung als Beitrag zur Gesunderhaltung

Die Notwendigkeit, die Gesundheit im Alter durch das Training von körperlichen und geistigen Fähigkeiten zu erhalten, stellt sich in einer alternden Gesellschaft mit neuer Dringlichkeit. Kruse (2006) sieht hier eine zentrale Aufgabe der Erwachsenenbildung, wobei neben den – in diesem Zusammenhang eher naheliegenden – Angeboten des Sports und der Bewegung, des kognitiven Trainings und der Ernährung immer auch differenzierte Altersbilder vermittelt werden sollten. Es kann nicht allein um die »technische« Einübung einer gesundheitsfördernden Praxis gehen, diese gilt es vielmehr bewusst in die Lebensgestaltung im Alter zu integrieren. »Die in der gerontologischen Forschung aufgezeigte Plastizität der Körperzellen wie auch der neuronalen Strukturen bildet das organische Potenzial für die Mitgestaltung des Alternsprozesses« (Kruse 2006, 3). Damit spricht er zugleich die beiden Dimensionen der Bildung an: Neben der Ausbildung von Fähigkeiten und Fertigkeiten geht es immer auch um deren selbstreflexive Einbettung (Goesken et al. 2007).

GRIPS spricht durch die Verknüpfung von praktischen Trainingseinheiten mit Gesprächsphasen, in denen es um die Gestaltung des Alltags und die Funktion des Gedächtnisses geht, genau diese beiden Ebenen an. Für die Gruppenleitungen war dies am Erfolg ihrer Arbeit ablesbar: Die Teilnehmer *»haben sich wohl gefühlt, sie hatten Spaß. Sie wurden auf etliche Möglich-*

keiten aufmerksam gemacht, sich körperlich fit zu halten«. Eine Trainerin sprach von »*reger Mitarbeit und deutlichen Verbesserungen der Konzentration und Merkfähigkeit am Ende des Kurses*«.

Diese Beobachtungen decken sich mit den Ergebnissen der SimA-Studien (Oswald 2005) und weisen darauf hin, dass die Trainingsmethode auch unter den modifizierten Rahmenbedingungen von *GRIPS* funktioniert. Dabei leisten die Freiwilligen durch ihr Engagement einen Beitrag zur eigenen Gesunderhaltung und weisen immer wieder darauf hin, wie sehr sie selbst von den Übungen und von den neu gewonnen Einsichten profitieren.

GRIPS und die »Benachteiligten«

»Eine entscheidende Aufgabe für die Zukunft ist darin zu sehen, gesundheitsbezogene Bildungsansätze zu entwickeln, von denen auch Menschen in unteren Sozialschichten profitieren« (Kruse 2006, 28). Nicht nur um diesen Personenkreis ging es bei GRIPS, sondern auch um ältere Menschen, die aufgrund gesundheitlicher Einschränkungen nicht (mehr) Zugang zu den vorhandenen Angeboten finden. Allerdings wurde versucht, derartig defizitäre Zielgruppenbeschreibungen zu vermeiden. Vielmehr wurden unter dem etwas blumigen Begriff der »Niedrigschwelligkeit« Rahmenbedingungen geschaffen, die diesen Personenkreisen die Teilnahme erleichterten. Für die Weiterbildung im Alter hatte Knopf (1981) schon früh entsprechende Strategien aufgezeigt, die hier umgesetzt wurden.

Niedrigschwelligkeit bedeutete bei *GRIPS*:

➢ *geringe Kosten* durch die unentgeltlich tätigen Gruppentrainer,
➢ *Quartiersnähe* durch die Nutzung von Räumlichkeiten vor Ort,
➢ *Barrierefreiheit* aufgrund der Wahl entsprechender Gebäude oder individueller Transporthilfen,
➢ Vermeidung negativer Zuschreibungen,
➢ *Vertrautheit* durch die Einbeziehung von Multiplikatoren und die Nutzung informeller Informationswege sowie
➢ eine durch die Freiwilligen gegebene »generationsnahe« Ansprache[8].

---

8 Auch bei der Weiterbildung im Alter ist im allgemeinen die »Generationenumkehr« zu reflektieren, steht doch in der Regel ein wesentlich jüngerer Experte einer Lerngruppe gegenüber, die seine Eltern- oder gar Großeltern sein könnten – ein Phänomen auf das für Psychotherapie und Soziale Arbeit schon früh hingewiesen wurde (Radebold et al. 1971).

Dieses Konzept ging weitgehend auf: Die überwiegende Zahl der Teilnehmer war älter als 75, einige waren über 90 Jahre alt. Wenn auch das kalendarische Alter allein keine Rückschlüsse auf den Grad der sozialen Ausgrenzung oder auf die gesundheitliche Beeinträchtigung erlaubt, zählen die Gruppenleitungen etwa 2/3 sowohl zu den hochaltrigen wie auch zu den bereits gesundheitlich eingeschränkten Personen. Die meisten Teilnehmerinnen – zu etwa 80% waren es Frauen – kamen aus dem Stadtteil, in dem die Treffen stattfanden. Weitere Hinweise, dass *GRIPS* »seine« Zielgruppe erreichte, bieten die Aussagen der Freiwilligen über die Gestaltung der Gruppenarbeit.

Bei der als ideal eingeschätzten Gruppengröße von acht bis zehn Personen konnten sich alle aktiv beteiligen und es war möglich, auf Seh- oder Hörbehinderungen Rücksicht zu nehmen. Die Gruppenleitungen versuchten, Misserfolgserlebnisse zu vermeiden, indem sie im Sinne der aus der Arbeit mit Menschen mit Demenz bekannten *failure free activities* vorgingen (Sheridan 1987). Daher wurden die Übungen (auch wenn das SimA®-50+-Training durchaus solche Vorschläge enthält):

➤ grundsätzlich ohne Zeitvorgaben durchgeführt,
➤ meist als Gruppenaktivität umgesetzt, bei der es keine Rangfolge und keine »Verlierer« geben konnte, und
➤ Wissensfragen, bei denen die Teilnehmer sich als »ungebildet« oder ignorant fühlen könnten, vermieden.

So konnten die Teilnehmer bei sich Erfolge wahrnehmen und die lockere und fröhliche Atmosphäre des Zusammenseins genießen: »Wichtig sind die Treffen mit den anderen Teilnehmern, das Gefühl willkommen zu sein, der Eindruck, dass man etwas für die geistige und körperliche Fitness tut.«

Weiterbildung und kommunale Verantwortung – ein vorläufiges Resümee

»Kommunen sind die Gestalter des demografischen Wandels, hier wird er zur erfahrbaren Realität. Vor Ort wird sich zeigen, ob die Städte und Gemeinden auf die demografischen Herausforderungen der Zukunft vorbereitet sind« (Meier 2005). Das Projekt GRIPS versteht sich nicht nur als ein weiteres Angebot im Veranstaltungsreigen der örtlichen Altenhilfe, sondern als ein konkreter Bestandteil kommunaler Handlungsstrategien angesichts des demografischen Wandels. Auch wenn sich zur demografischen Herausforderung inzwischen allerlei programmatische Aussagen auf örtlicher Ebene vorfinden, so scheint es mitunter noch schwer zu fallen, daraus ressortübergreifende und systematische Vorhaben zu entwickeln.

GRIPS macht – mit geringen Mitteln – den Versuch, die unterschiedlichen – gerade auch demografierelevanten – Handlungsbereiche von Altenhilfe und Bürgerengagement, von Sozialraumbezug und lebenslangem Lernen mit Gesundheitsförderung zusammen zu denken und zu bringen. Für die im Herbst angebotene zweite Qualifizierungsrunde haben sich über vierzig Interessenten gemeldet, im Frühjahr 2010 wird daher ein weiterer Ausbildungsgang angeboten werden. Je länger GRIPS besteht, desto attraktiver scheint es zu werden, desto leichter lassen sich auch die für eine Experimentierphase typischen Reibungsverluste und Irrtümer vermeiden. Es bleibt abzuwarten, wann und ob GRIPS (zumindest in Kassel) einmal zum selbstverständlichen Bestandteil des Stadtteillebens gehört und dort seinen zweifellos wirksamen Beitrag zur Selbstständigkeit und Teilhabe bis ins hohe Alter leisten kann.

Literatur

Bubolz-Lutz E (2002) http://www.fogera.de/files/pdf/publik/Bubolz-Lutz_SGL-Alter.forum_EB.pdf. forum Erwachsenenbildung 2(2): 16–22.

Die Geislinger Studie (1995) Dokumentation der Geschäftsstelle Bürgerschaftliches Engagement und Seniorengenossenschaften im Ministerium für Arbeit und Sozialordnung Baden-Württemberg. Stuttgart.

Goesken E, Köster D, Kricheldorff C (2007) Altersbildung – mehr als die Nutzung von Bildungsangeboten. Profilschärfung und Weiterentwicklung fachlicher Positionen des 5. Altenberichts. forum Erwachsenenbildung 7(2): 39–44.

Enquete-Kommission (2002) Bürgerschaftliches Engagement des Deutschen Bundestages. Berlin.

Knopf D (1981) Verstehen, – anknüpfen – entwickeln. Animatorische Bildungsarbeit mit sozial- und bildungsbenachteiligten alten Menschen. Schriftenreihe Bildungsplanung des Bundesministeriums für Bildung und Wissenschaft Bd. 37. Bonn.

Kruse A (2006) Der Beitrag der Prävention zur Gesundheit im Alter – Perspektiven für die Erwachsenenbildung. http:www.bildungsforschung.org/Archiv/2006-02/gesundheit/ (1.10.2009).

Meier J (2004) Der demografische Wandel. Strategische Handlungsnotwendigkeit und die Chance für die Kommunen. In: Bertelsmann Stiftung (Hg) Demographie konkret – Handlungsansätze für die kommunale Praxis. Gütersloh, 44–49.

Oswald WD (1998) Das SIMA-Projekt. Gedächtnistraining. Ein Programm für Seniorengruppen. 2. überarbeitete Auflage. Göttingen (Hogrefe).

Oswald WD (2005) SimA®-basic – Gedächtnistraining und Psychomotorik. Geistig und körperlich fit zwischen 50 und 100. Göttingen (Hogrefe).

Radebold H, Bechtler H, Pina I (1971) Psychosoziale Arbeit mit älteren Menschen. Freiburg (Lambertus).

Sheridan CB (1987) Failure-free activities for the Alzheimer's patient: A guidebook for caregivers. Forest Knolls, Canada (Elder Books).

Korrespondenzadresse:
Dipl.-Päd. Anglika Trilling
Stadt Kassel
Referat für Altenarbeit
D-34112 Kassel
E-Mail: *angelika.trilling@stadt-kassel.de*

Psychosozial-Verlag

Wolf-Detlef Rost

Psychoanalyse des Alkoholismus

Michael Tillmann

Ich, das Geräusch

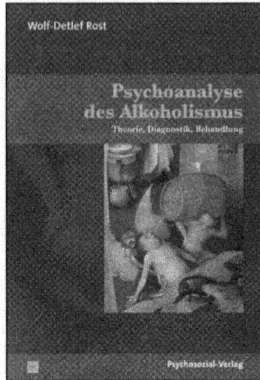

2009 · 308 Seiten · Broschur
ISBN 978-3-8379-2007-9

2009 · 110 Seiten · Broschur
ISBN 978-3-89806-618-1

Dieses Buch will das Verständnis für die Psychodynamik hinter der Sucht fördern und sieht den Alkoholismus als Symptom einer tiefer liegenden Störung. Ausgehend von der psychoanalytischen Theorie werden dazu unterschiedliche Formen von Alkoholabhängigkeit diagnostisch erfasst und an zahlreichen Fallbeispielen erläutert. Darüber hinaus reflektiert der Autor psychodynamisch die gängige Behandlungspraxis sowie die Selbsthilfe und entwickelt ein kausal angelegtes Modell der Behandlung von Süchtigen.

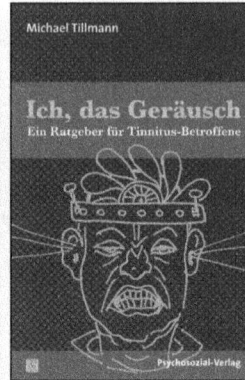

Dieses von psychoanalytischen Gedanken inspirierte Buch will helfen, das individuelle Symptom zu verstehen und mit gesellschaftlichen Einflüssen in Beziehung zu setzen. Während Globalisierung und Moderne entsinnlichen und verstören, fordert der Tinnitus zu einer Kommunikation auf, mithilfe derer diese verloren gegangene Sinnlichkeit wiedergefunden werden kann: Betrachten Sie den Tinnitus nicht als etwas Feindliches, sondern versuchen Sie zu verstehen, was er Ihnen sagen möchte.

Walltorstr. 10 · 35390 Gießen · Tel. 0641-969978-18 · Fax 0641-969978-19
bestellung@psychosozial-verlag.de · www.psychosozial-verlag.de

Lernen im Alter – warum und wozu?
Eine kritische (Selbst-)Reflexion

Johannes Kipp (Baunatal)

Zusammenfassung

Mit dem Eintritt in den Ruhestand verändert sich das Verhältnis zur Zeit, während Verpflichtungen ihren alten Charakter behalten. Dies wirkt sich auch auf die Nutzung von Bildungsangeboten aus. Wissenserwerb und Bildung sind nicht nur mit angenehmen Gefühlen verbunden, insbesondere wenn sie nicht auf einem sicheren Grundstock aufbauen können. Um kontinuierlich zu weiterem Wissenserwerb motiviert zu sein, bedarf es neben der passiven Rezeption von Inhalten den Austausch mit anderen, emotionale Begegnungen und praktische Anwendungsmöglichkeiten.

Stichworte: Zeitstruktur, Freiwilligentätigkeit, Begegnung, Medien

Abstract: Why to learn in old age – a critical (self-)reflection

The relation to time changes when one retires; whereas, obligations keep their old character. This change affects the use of educational opportunities as well. Knowledge acquisition and education are by no means merely connected with comfortable emotions, especially when they are not established on a profound basis. In order to be continuously motivated to acquire knowledge, it is on the one hand necessary to passively receive input and on the other hand to actively process this knowledge.

Key words: relation to time, voluntary action, movement, media

Einleitung

Der Eintritt in den Ruhestand ist meist mit der Erwartung verbunden, dass mit dem Wegfall der durch die Arbeitsprozesse vorgegebenen Zeitstrukturen und Aufgaben eine neue Freiheit entsteht und sich mit ihr lange Zeit unterdrückte Möglichkeiten der Selbstgestaltung und Selbstdefinierung eröffnen – die schon zum Schlagwort gewordene »Späte Freiheit« (Rosenmayr 1983). Doch stellt sich häufig dieses Freiheitsgefühl nicht so recht ein, fehlt doch nach jahrzehntelanger Einpassung in das vom Erwerbsleben vorgegebene Raster in Arbeit und Freizeit ein neues Gerüst, das die neue zu füllende Zeit mit strukturgebenden Grenzen gegenüber den Notwendigkeiten der Alltagsbewältigung (vom Einkauf über die Hausarbeit bis zur Gartenarbeit) versieht.

Die ersten Monate des Ruhestands lassen sich indes mühelos mit dem Erledigen dessen füllen, was lange liegen geblieben ist, was es endlich zu ordnen und zu regeln gilt. Unmerklich verändert sich dabei das Zeitbewusstsein: Irgendwie bleibt von der vielen neuen freien Zeit nur wenig übrig. Beispielsweise dehnt sich die Zeit vom Aufstehen bis nach dem Frühstück meist doppelt so lange aus – so versickern die Zeitreserven in einer durchaus angenehmen Entschleunigung. Zu den neuen Zeit- und Sinngebern werden die Arztbesuche, die Erledigung von Bankgeschäften und die Termine in der Autowerkstatt und beim Optiker – Tätigkeiten, die bisher *en passant* und etwas in Hetze, aber wenig aufwendig zwischen der Berufstätigkeit erledigt wurden. Fast wie früher setzen nur die – jetzt möglicherweise häufigeren und ausgedehnteren – Urlaubsreisen Zäsuren in die Routine, die sich neu herausgebildet hat.

Nach einem oft mehrmonatigen Moratorium haben sich dann meist neue und regelmäßige Aktivitäten herausgebildet, die mit ihren Zeitvorgaben durch einen zumindest sanften Druck bei Entscheidungen helfen, ob man denn z. B. gerade heute, bei diesem Wetter und angesichts des noch nicht ganz auskurierten Schnupfens zum Italienisch-Konversationskurs in die Volkshochschule will, den Enkel vom Kindergarten abholen soll oder der ehrenamtlich eingegangenen Verpflichtung beim Nachbarschaftsverein nachkommen muss. Anstelle der arbeitsweltbezogenen Zwänge treten so neue Forderungen auf, denen es sich unterzuordnen gilt und die beeinflussen, ob man an regelmäßigen Bildungs- und Kulturveranstaltungen teilnimmt oder sich mit und für andere engagiert. *Bevorstehende* Termine strahlen weiterhin – neben aller Vorfreude, Neugier und Bereitschaft – Verpflichtung und Druck aus, von denen man glaubte, diese hinter sich gelassen zu haben.

Ich möchte meine Lebenswelt – an der Schwelle zum endgültigen Ruhestand – recht subjektiv darauf abklopfen, was mich zu weiterem Bildungserwerb und zu lebenslangem Lernen motivieren könnte – und was nicht.

Störmomente des Alltags

Ich wollte gerade meine Tochter anrufen, die am besten über das Handy erreichbar ist. Mein Handy funktioniert nicht. Habe ich versehentlich die Tastensperre gedrückt? Keine Ahnung. Wo ist die Gebrauchsanweisung? Warum habe ich bloß so ein kompliziertes Handy? Ich habe noch nie mit diesem Gerät fotografiert, und per Ohrstöpsel höre ich gewiss keine Musik! *Unwille* kommt hoch. Bin ich jetzt auch schon ein Kandidat für die neuerdings überall angedienten Senioren-Handy-Kurse? Vielleicht sollte ich mir ein *Seniorenhandy* besorgen, schon der Begriff verdirbt mir aber die Laune.

Bis vor Kurzem hatte ich noch alles im Griff – und worum ich mich nicht bekümmern wollte, halfen mir meine KollegInnen und Mitarbeiter, die meine Technologie-Wissenslücke überbrückten. Ich ärgere mich, dass mir die Bedienung neuer elektronischer Geräte nicht intuitiv wie den Jugendlichen gelingt. *Scham* kommt auf angesichts meiner Unfähigkeit: Es wird mir wohl nichts übrig bleiben, als mühsam die Funktionsweise der Geräte zu erlernen, will ich sie wenigstens halb so gut wie Jüngere bedienen. Das ist nicht gerade eine gute Voraussetzung für ideale Bildungsbereitschaft!

Was haben sich die Pädagogen und Bildungstheoretiker eigentlich einfallen lassen, um diese Emotionen in Lernlust umzuwandeln? Die aktuelle Bildungsdebatte macht mich wenig hoffnungsfroh, dass ihnen das inzwischen wenigstens in Schule und Hochschule gelungen ist?

Bildung und Wissen – was mich reizt und was mich stört

Manchmal schaue ich mir die Sendung »Wer wird Millionär?« an und bewundere all jene, die so viel wissen. Gleichzeitig schütze ich mein Ego und meinen Stolz, indem ich doch in Zweifel ziehe, ob es mir wirklich wichtig wäre, Schlagersänger der 80er Jahre und Fußballergebnisse reproduzieren zu können. Ich habe mich einfach noch nie dafür interessiert – wieso sollte ich dazu auch eine kompetente Antwort parat haben?

Warum interessiere ich mich eigentlich nicht für Sport? Schon im Schulsport war ich wenig erfolgreich und sportliche Leistungen waren, da unerreichbar, auch uninteressant. Im Beruf waren derartige Vermeidungsstrategien weder angemessen, noch führten sie zum gewünschten Ziel. Unlustgefühle nahm ich bereitwillig in Kauf. Gleichzeitig verfügte ich über formelle und informelle Zugänge, um Wissensdefizite gezielt zu beheben.

Mit dem Ruhestand (und möglicherweise schon Jahre zuvor, wie die Studien zur Weiterbildungsabstinenz älterer Arbeitnehmer zeigen) entfallen die Mühen, aber auch die Möglichkeiten, die eingeübten Pfade der Wissenserweiterung zu begehen. Diese Pfade sind meist mit der Kommunikation im Kollegen-, Kunden- und Auftraggeberkreis verbunden und versprechen damit durchaus sozial auch lohnend Neben»gewinne«. Wo werde ich jetzt ein solch bildungsförderndes Soziotop finden, in dem ich ohne *Scham* mein Wissen erweitern und mir und anderen meine neu gewonnene Kompetenz beweisen kann?

Bildungsveranstaltungen und Bildungsreisen – was könnte mich ansprechen?

Bin ich ehrlich, so erwarte ich mir von der Teilnahme an Bildungsveranstaltungen nicht nur Wissenserwerb. Vielmehr knüpfe ich – nicht anders als in der Adoleszenz – daran auch die Hoffnung auf neue Kontakte und interessanten Austausch. So reizt mich am Italienischkurs neben der wohlklingenden Sprache und der im Programm vorgesehenen Studienreise auch die Aussicht, dort nette KursteilnehmerInnen zu treffen, mit denen sich auf der Basis einer gemeinsamen Italienbegeisterung leicht ein Gespräch anknüpfen lässt. Kluge Weiterbildungsträger halten ihre Kursleiter längst dazu an (Trilling, mündliche Mitteilung), schon im Unterricht auf solche Interessen Rücksicht zu nehmen und schaffen durch Cafeterien oder gemeinsame Kurstreffs Gelegenheiten, dass die Teilnehmer durch Kontaktpflege eine emotionale Zusammengehörigkeit entwickeln, die sie auch über Motiviationstäler hinweg trägt. Wo Weiterbildungsträger dies versäumen, dürften hohe Dropout-Zahlen die Folge sein.

Im Stadtteilzentrum Agathof in Kassel, einer offenen Begegnungs- und Bildungseinrichtung für »Menschen in der zweiten Lebenshälfte« (www. agathof.de), in der ich mitarbeite, ist der Wunsch nach Begegnung Programm und wird konzeptionell berücksichtigt. Gymnastik oder Yoga dienen folglich nicht nur der körperlichen Beweglichkeit und Ausdauer, sondern ermöglichen mit ihren regelmäßigen Treffs, die Vereinzelung im Stadtteil zu überwinden. Dabei scheinen Menschen, die erst im Erwachsenenleben in den Stadtteil gezogen sind, diese Aktivitäten gezielter aufzusuchen, als die Einheimischen, deren fortbestehende familiäre und nachbarschaftliche Netze Beziehungsverluste weniger spürbar machen.

Gerade im Alter möchte ich Kultur- und Bildungsangebote so nah vor meiner Haustür finden, dass ich auch bei eingeschränkter Gesundheit und dem möglichen Verzicht auf mein Auto dort Begegnung finde. Damit ist auch bereits der Stadtteilaspekt angesprochen: Wen ich bei meinem Kurs kennenlerne, den werde ich mit einiger Wahrscheinlichkeit dann auch mal beim Bäcker oder beim Zahnarzt treffen – eine Vorstellung, die mir angenehm ist.

Während Bildungsveranstaltungen sich in der Regel an Einzelne wenden, scheinen Reiseveranstalter immer noch weitgehend Menschen im Doppelpack anzusprechen. Das zeigt sich am Einzelzimmerzuschlag und am Katzentisch, der den Alleinreisenden gern im Speisesaal zugewiesen wird. Single-Reisen sind bisher eher für andere Altersstufen gedacht. Bildungsreisen – zu denen ich auch geführte Wanderreisen und ähnliches zählen möchte – stellen eher Ausnahmen dar. Noch finden sich derartige Angebote meist im Hochpreisbereich, wenn es nicht um organisierte Seniorenerholungen geht, die von Wohlfahrtsverbänden angeboten werden und die übrigens auch von öffentlichen Sozialhilfeträgern gefördert werden. Die Teilnahme setzt dann allerdings häufig bestimmte Einkommensgrenzen voraus, außerdem haftet ihnen auch oft ein leicht verstaubtes »Betreuungsverständnis« an, sodass sie für mich derzeit nicht in Frage kommen.

Bildung und Medien

Das Fernsehen und mehr noch der Rundfunk liefern Wissen frei Haus, doch spielen diese Medien in der Diskussion um Bildung im Alter eine untergeordnete Rolle (Kricheldorff 2010). Dem »laufenden« Fernseher im Wohnzimmer wird eher die Funktion des Zeitvertreibs durch Unterhaltung zugebilligt, häufig verbunden mit der virtuell hergestellten Illusion, nicht ganz allein, sondern immerhin noch Teil der Gemeinschaft all derer zu sein, die sich an bestimmten populären Sendungen erfreuen.

Sendungen, die praktische Lebenshilfe bieten – wie etwa die Beratung zu Gesundheits-, Rechts- oder Gärtnerfragen (wobei die notorischen Kochsendungen nicht ausgeblendet werden sollen) – kommen dem Wunsch nach Wissen unmittelbar nach. Sie scheinen für alle Generationen mehr und mehr das zu ersetzen, was man einst als Lebenswissen von Familie und Nachbarschaft mitgeteilt bekam.

Könnte das Fernsehen darüber hinaus zu einem bedeutsamen Bildungsträger für ältere Menschen werden, wenn es stärker auf die Interaktion zwischen den Nutzern setzte? Sendungen, die die Umgebung, den eigenen Verein oder andere regional interessante Dinge betreffen, stoßen jetzt schon Informationsnetzwerke an, die einen darauf aufmerksam machen, diese zu einer bestimmten Zeit auch zu schauen. Ich glaube aber nicht, dass die inzwischen schon fast unvermeidlichen Hinweise auf vertiefende Informationen einschließlich Chat auf den sendereigenen Websites eine Aktivierung der älteren Nutzer ermöglichen, da die Gelegenheit zur Begegnung fehlt.

Vereinzelung ist aber nicht notwendige Folge dieses Mediums. Inzwischen gibt es bei sportlichen Megaereignissen sogenanntes »*public viewing*« mit Bildwänden auf großen Plätzen oder in großen Hallen, das zum gemeinsamen Schauen einlädt, wobei sicher die Erzeugung gemeinsamer Emotionen im Vordergrund steht. Gemeinsames Fernsehen hat sich als »*public viewing*« inzwischen aber auch in einigen Berliner Kneipen eingebürgert, in denen beispielsweise am Sonntag Abend »Tatort« oder andere Serien geguckt werden. Vielleicht könnte eine solche gemeinsame Mediennutzung in Gruppen eine sinnvolle Form sein, eigenes Wissen zu erweitern.

Das Funkkolleg hat früh verstanden, dass das über die Medien vermittelte Lernen auch des persönlichen Austauschs zur Steigerung von Motivation und Effizienz bedarf, es wurden deshalb parallel zu den Sendungen regionale Lerngruppen eingerichtet. Etwas weniger Ehrwürdigkeit und mehr lebenspraktische Themen könnte vielleicht neue Teilnehmer unter den Älteren gewinnen.

Warum weiter lernen?

Während es in der Schule und im Beruf notwendig war, erworbenes Wissen auch aktiv in Prüfungsarbeiten oder in der Arbeitspraxis anzuwenden, ist der Wissenserwerb im Alter oft frei von solchen mitunter unangenehmen Herausforderungen. Dabei mache sicher nicht nur ich die Erfahrung, dass ich Neues vor allem dann behalte und kritisch reflektiere, wenn ich anderen darüber berichten muss oder wenn ich handelnd mein Wissen unter Beweis zu stellen habe. Die Bereitschaft zum Wissenserwerb und die Auseinandersetzung mit den Inhalten hängen also nur sehr begrenzt von der Thematik selbst ab, wichtiger scheint die Notwendigkeit oder die Chance, die Inhalte an andere weiterzugeben – vielleicht sogar: damit zu glänzen.

Die Freiwilligenarbeit, die oft mit einem einführenden Fortbildungsprogramm verbunden ist, bietet hierzu das beste Beispiel, da uns nachberufliche Tätigkeiten doch im Idealfall auch durchaus neue Kenntnisse abverlangen und folglich zum Lernen anregen. Allein die Idee, mich mit Sudoku oder einem Gehirn-Jogging-Programm im Internet fit halten zu wollen, um den Beginn einer Alzheimer-Erkrankung hinauszuzögern, erstickt demgegenüber meine Lernfreude schon im Kern. Wie bereits gesagt, auf den sozialen Kontext und die zumindest vermutete Erwartung anderer kommt es mir an.

Was kann mich motivieren?

Man kann kommerziellen Wellness-Angeboten kritisch gegenüberstehen. Im Wellness-Begriff werden jedoch mehr oder weniger angenehme Aktivitätsangebote mit positiven langfristigen Zielen der Gesunderhaltung verbunden (Kipp u. von der Stein 2009). Das regelmäßige morgendliche Walken beispielsweise, gleich bei welchem Wetter, wird als Weg zur Gewichtsabnahme und zur Ausschüttung stimmungshebender Endorphine im Gehirn propagiert. Dies sind erreichbare Ziele, die nicht in weiter Ferne liegen und die eigene Unlust überwinden helfen, insbesondere wenn das Walken in Gruppen stattfindet.

Bildungsoffensiven für Ältere sollten den Wissenserwerb in ähnlicher Weise propagieren: Es geht darum, dass die Mühen des Lernens auch kurzfristig zu Erfolgen führen sollten. Ich nehme doch Anstrengungen in Kauf, wenn beispielsweise der vor mir liegende Wissensberg mir Freude beim Erklimmen des Gipfels verspricht, von dem aus sich mir obendrein neue Ausblicke eröffnen. Bildung im Alter als Pflichtprogramm wird nur wenig Anhänger unter denen finden, die gerade durch den Ruhestand entpflichtet wurden. Ich würde mich außerdem kaum den Mühen des Lernens unterziehen, wenn ich damit allein die Hoffnung verknüpfen würde, Elend (Krankheit, Einsamkeit oder Stumpfsinn) im Alter ein wenig aufzuschieben.

Lernen ist Veränderung, und Veränderung kann nicht ohne Anstrengung erfolgen. Auch das methodisch ausgefeilteste Bildungsprogramm nebst kongenialer Lerngruppe wird auf Dauer meine Leistungsfähigkeit – in welchem Bereich auch immer – weder bewahren noch steigern. Lernen, so hoffe ich, hilft mir dann, mit meinen Einschränkungen gelassen umzugehen und das zu werden, an was ich aus langer Berufserfahrung eigentlich gar nicht mehr zu glauben wage: ein bißchen weise.

Fazit

Abschließend möchte ich von meinen persönlichen Erfahrungen und Erwartungen ein wenig abstrahieren und sie in einige allgemeinere Aussagen fassen:

1. Das Bewusstsein, dass der Wissenserwerb trotz der damit verbundenen Mühe bis ins hohe Alter möglich, nötig und durchaus genussvoll sein kann, sollte nicht nur beim Einzelnen, sondern auch in der Gesellschaft zur Selbstverständlichkeit werden.
2. Die Motivation zum lebenslangen Lernen wird gestärkt, wenn
   - sich konkrete Anwendungsmöglichkeiten wie früher in Schule und Beruf bieten,
   - der Wissenserwerb mit Spaß und Freude verknüpft ist und Erfolge auch kurzfristig erkennbar sind,
   - auch ältere Lernende Zugang zu vernetzten Strukturen der Informationsbeschaffung, des Austauschs und der Anwendung finden,
   - Bildungsträger den Wunsch nach Kontakten mit andern Menschen (auch des anderen Geschlechts) als konstitutiven Bestandteil ihres Angebotes einplanen und hierauf mindestens ebenso viel Mühe verwenden wie auf eine der Lerngruppe angemessene Didaktik und schließlich,
   - gemeinsame Mediennutzung zum Wissenserwerb mit Austausch und Begegnung einhergeht.

Noch gibt es zu viele Opfer einer »schwarzen Pädagogik«, deren Lebensgeschichte sie zu Bildungsabstinenz und zu Lernvermeidung »konditionierte«. Statt Vertrauen und Neugierde zu entwickeln, verbinden sie bis ins hohe Alter mit Weiterbildung die Angst vor Versagen, Misserfolg und Scham. Eine Zusammenarbeit von Weiterbildung und Psychotherapie könnte hier neue Wege der Motivierung und Lernlust erschließen.

Literatur

Kipp J, von der Stein B (2009) Grundfragen der Psychosomatik im Alter. Psychotherapie im Alter 6(3): 247–263.

Kricheldorff C (2010) Integration und Soziale Teilhabe durch Bildungsprozesse im Alter. Psychotherapie im Alter 7(1): 9–23.

Rosenmayr L (1983) Die späte Freiheit. Berlin (Severin und Siedler).

Korrespondenzadresse:
Dr. Johannes Kipp
Felsengarten 9
D-34225 Baunatal
E-Mail: *johanneskipp@t-online.de*

Bertrand Cramer, Francisco Palacio-Espasa

Psychotherapie mit Müttern und ihren Babys

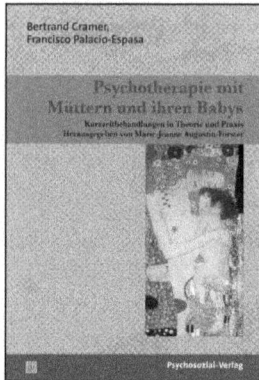

Christine Ann Lawson

Borderline-Mütter und ihre Kinder

2009 · 393 Seiten · Broschur
ISBN 978-3-89806-822-2

2006 · 274 Seiten · Broschur
ISBN 978-3-89806-256-5

Die Autoren legen in diesem Buch die Praxis der gemeinsamen Psychotherapien von Mutter und Kleinkind dar, deren Technik durch die frühen Psychopathologien bestimmt wird. Sie zeigen auf, dass die Dyade aus Mutter und Baby ein instabiles System ist, das für innere und äußere Einflüsse außerordentlich empfänglich ist und sich infolgedessen bestens für eine Praxis und Theorie psychischer Veränderung eignet. Im Laufe gemeinsamer Kurztherapien, deren Technik anhand von Fallgeschichten vorgestellt wird, lassen sich oft bedeutsame Veränderungen erreichen.

Auswirkungen und Grenzen dieser Therapien werden anhand von Evaluationsstudien zu den therapeutischen Veränderungen und anhand der Diskussion der Therapieindikation und des Scheiterns von Therapien dargestellt.

Die erste Liebe in unserem Leben ist unsere Mutter. Es ist für uns überlebenswichtig, ihr Gesicht, ihre Stimme, die Bedeutung ihrer Stimmungen und ihre Mimik zu erkennen. Christine Ann Lawson beschreibt einfühlsam und verständlich, wie Kinder von Borderline-Müttern unter den Stimmungsschwankungen und psychotischen Anfällen leiden und verzweifelt nach Strategien der Bewältigung dieser Erlebnisse suchen. Borderline-Mütter treten dabei ihren Kindern in vier verschiedenen Figuren gegenüber: als verwahrloste Mutter, die Einsiedlerin, die Königin und die Hexe. Lawson zeigt, wie man sich um die Verwahrloste kümmern kann, ohne sie retten zu müssen, und um die Einsiedlerin, ohne ihre Angst zu verstärken; wie man die Königin liebt, ohne ihr Untertan, und wie man mit der Hexe lebt, ohne ihr Opfer zu werden.

Walltorstr. 10 · 35390 Gießen · Tel. 0641-9699 78-18 · Fax 0641-9699 78-19
bestellung@psychosozial-verlag.de · www.psychosozial-verlag.de

Selbstständig im Alter
Entstehungsgeschichte und Ausbildungskurse der SimA-Akademie e. V. in Nürnberg

Monika Wachter, Marta Heyder, Susanne Kraft und Wolf D. Oswald (Erlangen-Nürnberg)

Die SimA-Akademie e. V. hat sich zum Ziel gesetzt, praxisrelevante gerontologische Erkenntnisse durch Maßnahmen der Aus- und Weiterbildung an Multiplikatoren und Anwender weiterzugeben. Insbesondere hat sich die Akademie zur Aufgabe gemacht, die theoretisch fundierten und wissenschaftlich überprüften Konzepte SimA®-50+ sowie SimA®-P für Pflegeheimbewohner einer größeren Öffentlichkeit zugänglich zu machen. Hierzu werden im Rahmen von frei zugänglichen Kursen SimA®-50+-Trainer und SimA®-P-Gruppenleiter ausgebildet.

Die SimA-Akademie steht zudem öffentlich-rechtlichen und anderen Einrichtungen sowie interessierten Menschen und ihren Angehörigen beratend zur Seite.

Die SimA®-Studie und Entstehung der SimA®-Akademie e. V.

Am Institut für Psychogerontologie der Universität Erlangen-Nürnberg wurde 1991 unter der Leitung von Prof. Dr. W. D. Oswald die Interventions- und Längsschnittstudie »Bedingungen der Erhaltung und Förderung von Selbständigkeit *im* höheren Lebensalter« (SimA) mit 375 Teilnehmern begonnen. Es wurde unter anderem erforscht, wie sich spezifische Interventionsmaßnahmen auf die Selbstständigkeit im höheren Lebensalter auswirken (Oswald et al. 1998). Durch die Studie konnte erstmals in Deutschland auf wissenschaftlicher Ebene nachgewiesen werden, dass Gesundheit und Selbstständigkeit bei älteren Menschen durch ein kombiniertes Training der geistigen und körperlichen Leistungsfähigkeit gefördert und langfristig erhalten werden können. Darüber hinaus ergab sich, dass dieses kombinierte Training den psychopathologischen Entwicklungen, die zu Demenzen führen können, entgegenwirkt. Die SimA-Langzeitstudie wird auch heute noch weiter geführt.

Das SimA®-50+-Trainingsprogramm

Das unter der Leitung von Prof. Dr. Wolf D. Oswald entwickelte SimA®-Training wurde im Laufe der Zeit zum SimA®-50+-Training umbenannt, da es sich an selbstständig lebende Personen bereits ab dem 50. Lebensjahr richtet. Auch Personen mit MCI-Symptomatik (*Mild Cognitive Impairment*) können von der Teilnahme am Training profitieren bzw. den Erkrankungsbeginn hinauszögern (vgl. Ackermann u. Oswald 2008, Oswald 2005a, 2005b).

Im SimA®-50+-Gedächtnistraining werden vor allem die altersabhängigen, für die Alltagsbewältigung unabdingbaren sogenannten »fluiden« Gedächtnisfunktionen wie Kurzzeitgedächtnis, Geschwindigkeit der Informationsverarbeitung oder Aufmerksamkeit trainiert. Ist in diesen Bereichen ein Abbau zu verzeichnen, treten zunehmend Gedächtnis- und Orientierungsstörungen auf, die langfristig zu einer Demenz führen können. Die Effizienz des SimA®-50+-Trainings bei der Demenzprävention wurde wiederholt nachgewiesen.

In Anbetracht der Prognosen zum Anstieg von demenziellen Erkrankungen in Deutschland sollte ein möglichst frühzeitiger Trainingsbeginn jedem älteren Menschen empfohlen werden.

Das SimA®-P-Aktivierungsprogramm

Vor dem Hintergrund der beachtlichen Effekte des SimA-50+-Trainingsprogramms stellte sich nun die Frage, inwieweit Maßnahmen, die auf der gleichen theoretischen Basis beruhen, auch bei bereits kognitiv und funktionell eingeschränkten Personen greifen. Zur Beantwortung dieser Fragestellung wurde von 2001 bis 2005 unter der Leitung von Prof. Dr. W. D. Oswald die Studie »Rehabilitation im Pflegeheim« durchgeführt (Oswald et al. 2006). Das Ziel war, ein Aktivierungskonzept für Menschen in Pflegeheimen zu entwickeln, um deren verbliebene Selbstständigkeit zu erhalten bzw. diese zu fördern. Unter Berücksichtigung der Bedürfnisse und der Fähigkeiten dieses Personenkreises entstand ein multimodales Aktivierungsprogramm, welches auf verschiedenen Ebenen die geistigen und körperlichen Leistungen fördert (Oswald u. Ackermann 2009a, 2009b, 2009c). Für kognitiv bis mittelschwer eingeschränkte Personen (bei MMSE > 10) wurde ein niveauangepasstes kognitives Aktivierungsprogramm entwickelt. Der Schwerpunkt der kognitiven Aktivierung liegt hierbei ähnlich wie bei SimA-50+ auf der Stabilisierung von fluiden Gedächtnisleistungen. Da bei Menschen mit fortgeschrittener Demenz

(MMSE ≤10) diese Art der Aktivierung nicht mehr sinnvoll erscheint, wurde für diese Personen ein Programm der biografieorientierten Aktivierung erarbeitet, in dem der Schwerpunkt auf die noch länger erhaltenen, persönlich bedeutsamen Langzeitgedächtnisinhalte gelegt wird. Die psychomotorische Aktivierung wird mit beiden Gruppen gleichermaßen durchgeführt.

Die evaluierte rehabilitative und präventive Wirksamkeit des Programms liegt nicht nur im Bereich der kognitiven Leistungen. Positive Effekte zeigten sich auch in Bezug auf funktionelle Fähigkeiten, Sturzneigung und -häufigkeit sowie Aktivitäten des täglichen Lebens.

Ausbildungskurse an der SimA®-Akademie e. V.

Die Qualifikation zur selbstständigen Leitung der beschriebenen Trainings- sowie Aktivierungsprogramme kann an der SimA-Akademie e. V. im Rahmen von frei zugänglichen Ausbildungskursen erworben werden.

Die Ausbildung zum SimA®-50⁺-Trainer richtet sich an alle an der Bildungsarbeit mit Senioren interessierten Personen. Mögliche Einsatzbereiche sind Einrichtungen der offenen Altenhilfe, Volkshochschulen oder Begegnungsstätten. Im Anschluss an den Ausbildungskurs und nach Abschluss einer Praxisphase kann das Zertifikat zum SimA®-50⁺-Trainer erworben werden.

Der SimA®-P-Ausbildungskurs eignet sich vor allem für Personen, die im Bereich der Arbeit mit funktionell und kognitiv beeinträchtigten oder demenzkranken Menschen tätig sind oder tätig werden wollen. Mögliche Einsatzbereiche sind beispielweise Alten- und Pflegeheime oder Tagesbetreuungseinrichtungen. Nach Abschluss des Kurses und nach absolvierter Praxisphase kann das Zertifikat SimA®-P-Gruppenleiter erworben werden.

Ein neuer gesetzlicher und finanzieller Rahmen für die Durchführung des SimA®-P- Aktivierungsprogramms in Einrichtungen der teilstationären und stationären Altenhilfe wurde mit der Einführung des Pflegeweiterentwicklungsgesetzes im Juli 2008 (insbesondere §45b SGB XI und §87b SGB XI) geschaffen. SimA®-P als ein Angebot für demenzkranke Menschen kann dazu beitragen, dass die knappen Ressourcen im Pflegebereich möglichst effektiv genutzt werden.

Die Ausbildungskurse werden in regelmäßigen Abständen von der SimA-Akademie e. V. von qualifizierten Dozenten angeboten. Die aktuellen Termine, weitergehende ausführliche Informationen bezüglich der Ausbildungskurse und einen Überblick über die SimA-Publikationen finden Sie auf der Homepage der Akademie.

Literatur

Oswald WD, Ackermann A, Gunzelmann T (2006) Effekte eines multimodalen Aktivierungsprogramms (SimA-P) für Bewohner von Einrichtungen der stationären Altenhilfe. Z Gerontopsychologie & -psychiatrie 19(2): 89–101.

Ackermann A, Oswald WD (2008) Selbständigkeit erhalten, Pflegebedürftigkeit und Demenz verhindern. In: Oswald WD, Gatterer G, Fleischmann UM (Hg) Gerontopsychologie. 2. Auflage. Wien New York (Springer) 129–137.

Oswald WD (2005a) SimA®-basic – Gedächtnistraining und Psychomotorik. Geistig und körperlich fit zwischen 50 und 100. Göttingen (Hogrefe).

Oswald WD (2005b) SimA®-basic-PC – Gedächtnistraining und Psychomotorik. Das individuelle PC-Programm für alle ab 50. Göttingen (Hogrefe).

Oswald WD, Hagen B, Rupprecht R (1998) Bedingungen der Erhaltung und Förderung von Selbständigkeit im höheren Lebensalter (SimA) – Teil X: Verlaufsanalyse des kognitiven Status. Z Gerontopsychologie & -psychiatrie 11(4): 202–221.

Oswald WD, Ackermann A (2009a) Kognitive Aktivierung mit SimA®. Selbständig im Alter. Wien New York (Springer).

Oswald WD, Ackermann A (2009b) Biographieorientierte Aktivierung mit SimA®. Selbständig im Alter. Wien New York (Springer).

Oswald WD, Ackermann A (2009c) Psychomotorische Aktivierung mit SimA®. Selbständig im Alter. Wien New York (Springer).

Korrespondenzadresse:
SimA-Akademie e. V.
Wallensteinstr. 61–63
D-90431 Nürnberg
E-Mail: *info@sima-akademie.de*
Internet: *www.sima-akademie.de*; *www.wdoswald.de*

Das Forschungsinstitut Geragogik (FoGera)

Dietmar Köster (Witten)

»Bildung ist konstituierender Faktor für die gesamtgesellschaftliche Aufgabe, die demografische Alterung zu gestalten«, schreibt Elisabeth Bubolz-Lutz (2007). Andreas Kruse (2005) spricht im Zusammenhang mit dem 5. Altenbericht über die Pflicht zur Bildung im Alter. Hier ist aber nicht der Platz, um sich ausführlich mit der kontrovers zu diskutierenden Frage der Bildungspflicht im Alter auseinanderzusetzen (Gösken et al. 2007). Festzuhalten ist, dass sowohl Bubolz-Lutz als auch Kruse damit die wachsende Bedeutung von Lern- und Bildungsprozessen im Alter betonen.

Nach einer internationalen Studie des *International Institute for Applied Systems Analysis* in Laxenburg bei Wien (IIASA) mit dem *Wiener Institut für Demographie* (VID) (Bilal et al. 2009), beeinflusst Bildung:

➢ die demografische Entwicklung (Die Kinderzahl sinkt in Gesellschaften mit zunehmender Bildung),

➢ die Lebenserwartung,

➢ die Gesundheit und

➢ das ökonomische Wachstum.

Bildung versetzt ältere Menschen in die Lage, die Herausforderungen der nachberuflichen Lebensphase zu bewältigen, persönlich bedeutsame Ziele zu erreichen und ihr Leben aktiv zu gestalten. Daher muss Bildung im Alter im Besonderen mehr sein als die Vermittlung überprüfbaren Wissens. Bildung hat auch das Ziel, Menschen die Teilhabe am gesellschaftlichen Leben zu ermöglichen.

Auch die neurologischen Befunde sind eindeutig: »Die lebenslange mögliche Bildung neuer Nervenzellen hat eine aktive Lebensführung zur Bedingung. Die Verbindungen zwischen den Nervenzellen, die Synapsen, verändern sich mit Erfahrungen und es entstehen neue ›Spuren‹ im Gehirn. Langfristig können sich auch ganze ›Landkarten‹ verändern, die durch Erfahrungen neuronal gebildet werden. Umweltinduzierte Plastizität und Adaptivität stehen für Vorgänge, die auf sensorischer, motorischer und kognitiver Ebene gleichermaßen feststellbar sind« und für den gesamten Lebenslauf gelten. Freiwilligkeit, Spaß, Bewegung und Aktivitäten sowie die Förderung der sozialen Gemeinschaft wirken unterstützend (Meyer 2009, 123f).

Die Ergebnisse der Interventionsforschung sprechen dafür, körperliche und geistige Aktivitäten in Bildungskonzepten zu verschränken (Kruse 2008, 32ff). Der Einfluss körperlichen Trainings auf die kognitive Leistungsfähigkeit ist erkennbar. Trotz dieser positiven Befunde sind wir noch weit davon entfernt, das Zusammenspiel (Emergenz) von Lernen, Bildung, Potenzialen und der demografischen Alterung zu erschließen. Wir fangen gerade mal an.

Nach wie vor nimmt nur eine Minderheit älterer Menschen an Bildung teil. Obwohl damit zu rechnen ist, dass die kommenden Kohorten aufgrund eigener Bildungskarrieren sich nicht so einfach von Bildungsprozessen ausschließen lassen (Tippelt et al. 2009). Die steigende Bedeutung der Geragogik und ihre Herausbildung als eigene Wissenschaftsdisziplin (Köster 2005) spiegelt sich auch in der Debatte der *Deutschen Gesellschaft für Geriatrie und Gerontologie* (DGGG) wider. Hier ist mittlerweile der *AK Geragogik* als Teil der Sektion IV die stärkste Gruppe in der DGGG, die jährlich zu Beginn des Jahres am Universitätskolleg der TU Dortmund in Bommerholz mit ca. 30 Wissenschaftlern aus Europa zusammenkommt, um aktuelle Fragen der Geragogik zu diskutieren. Aus diesem Arbeitszusammenhang entstanden die Überlegungen, die Geragogik stärker zu institutionalisieren. So gründeten am 29. Oktober 2002 acht an der Geragogik Interessierte den Verein »Forschungsinstitut Geragogik« an der Universität in Essen. Nach der Satzung wird angestrebt, Modellversuche mit Schwerpunkten in der Geragogik wissenschaftlich zu begleiten sowie eine wissenschaftlich fundierte Beratung in geragogischen Fragen bei öffentlichen, gemeinnützigen und privaten Trägern durchzuführen. Zudem geht es um Aus-, Fort- und Weiterbildungsmaßnahmen für Träger der Altenarbeit insbesondere zur Qualifizierung der Ausbilder. Zur Direktorin wurden Elisabeth Bubolz-Lutz von der Universität Essen, zu ihrer Stellvertreterin Renate Schramek und zum Geschäftsführer Dietmar Köster gewählt – die Letzteren sind auch Lehrbeauftragte der TU Dortmund.

Inhaltlich hatte Elisabeth Bubolz-Lutz in ihrem Standardwerk zur Bildung im Alter für die Arbeit wichtige Grundlagen gelegt (Petzold u. Bubolz 1976). Renate Schramek hatte bei dem Nestor der Geragogik Ludger Veelken zum Thema Altersbildung und Schwerhörigkeit promoviert (Schramek 2002) ebenso wie Dietmar Köster, der bei Ludger Veelken und Gerd Naegele eine Dissertation zum Thema »Kritische Geragogik« (Köster 2002) vorgelegt hatte.

Die Umsetzung der Zielsetzung findet in folgenden Projekten ihren Ausdruck:

➤ Im beachteten bundesweiten Modellprojekt »*Pflegebegleiter*«, gefördert vom Spitzenverband der Pflegekassen, wurden Freiwillige zu »*Pflegebegleitern*« qualifiziert, die pflegende Angehörige psychosozial begleiten. In dem fünfjährigen Projekt sind 200 Multiplikatoren und 2100 Pflegebegleiter ausgebildet worden (Bubolz-Lutz u. Kricheldorff 2006). Unter dem Aspekt der Pflege werden die Projekte »*Care-Support*« in Kooperation mit der Firma Henkel (Düsseldorf), »*Demenzbegleiter*« innerhalb von BELA III in Baden-Württemberg und »*Patientenbegleiter*« in Nordrhein-Westfalen wissenschaftlich begleitet.

➤ Im Projekt »*Qualitätsziele in der Gemeinwesenorientierten SeniorInnenarbeit und Altersbildung*«, gefördert von der Stiftung Wohlfahrtspflege NRW, wurden 12 Qualitätsziele aus der Sicht der SeniorInnen entwickelt (Köster et al. 2008). In einer Qualitätsinitiative unter Federführung des MGFFI in NRW haben sich mittlerweile die Wohlfahrtsverbände, die kommunalen Spitzenverbände, die Landesseniorenvertretung und die Stiftung Wohlfahrtspflege in einem gemeinsamen Papier darauf verständigt, die SeniorInnenarbeit auf der Basis dieser Qualitätsziele fortzuentwickeln.

➤ FoGera führt auf der Basis des Handbuchs der Landesseniorenvertretung »*Altengerechte Stadt*« (Grymer et al. 2005, 2008) das Projekt »*Partizipation im Alter in den Kommunen Nordrhein-Westfalen*« durch, das vom MGFFI finanziert wird. In Gladbeck, Bergheim, Troisdorf und Tönisvorst werden modellhaft die Partizipationsmöglichkeiten älterer Menschen in den Kommunen erprobt.

➤ Im Projekt *SEELERNETZ* (SeniorInnen in Europa lernen in Netzwerken), finanziert von der EU im Rahmen des Programms für lebenslanges Lernen, werden sozial- und bildungsbenachteiligte SeniorInnen über die Bildung von Netzwerken an Lern- und Bildungsprozesse herangeführt. Partner sind hier die Universitäten Wien und Gabrovo sowie die Forschungsinstitute IREA in Timisoara und 50+Hellas in Athen.

Ein weiterer *Schwerpunkt* liegt in der Arbeit mit Kommunen zur Entwicklung von Sozialplänen im Alter.

Grundlage der Arbeiten von FoGera ist ein Leitbild, in dem es heißt:

»*Eine humane alternde Gesellschaft braucht eine kompetente und handlungsfähige ältere Generation, die bereit ist, neue Verantwortungsrollen für sich selbst und die Gesellschaft zu übernehmen. Voraussetzung dafür ist, dass ältere und alte Menschen zu Lernen und Weiterbildung Gelegenheiten bekommen. Nach wie vor bleiben die gesellschaftlichen Ermöglichungsstrukturen auch in den Bereichen von Bildung und Lernen weit hinter den Erfordernissen eines erfüllten und emanzipierten Alters zurück.«*

Zur Überwindung dieses Widerspruchs zwischen den Potenzialen des Alters und den gesellschaftlichen Bedingungen leistet FoGera systematisch und kontinuierlich einen eigenen Forschungs- und Entwicklungsbeitrag in der Altersbildung (Bildung *im* Alter und *für das* Alter). Ziel ist es, Organisationen und Personen zu befähigen, durch Bildungsprozesse die Lebensqualität im Alter zu verbessern. FoGera richtet sein Forschungsinteresse auch auf die Gruppe sozial ausgeschlossener älterer Menschen. In den Forschungsvorhaben kommt generell eine differenzierende Geschlechterperspektive zum Tragen. Zentrale Grundprinzipien sind dabei u.a.:

➤ FoGera unterscheidet und macht transparent: Empirische Forschung ist wertfrei. Die Auswahl von Forschungsfragen und die Interpretation der empirischen Daten sind wertbezogen.

➤ FoGera richtet sich an den Werten der Humanisierung und Demokratisierung der Gesellschaft aus, die die Partizipation und Selbstbestimmung älterer Menschen fördern. FoGera steht für das selbstorganisierte, selbstbestimmte und partizipative Lernen, das handlungs- und praxisorientiert ist.

➤ FoGera arbeitet praxeologisch: Jede empirische Untersuchung ist praxisbezogen und zugleich theoretisch durchdrungen. Die Theoriewirksamkeit hat sich an ihrer praktischen Problemlösungskompetenz zu beweisen.

➤ FoGera arbeitet interdisziplinär auf der Basis aktueller gerontologischer und geragogischer Erkenntnisse.

➤ FoGera setzt sich dafür ein, die Geragogik als eigene Wissenschaftsdisziplin in Theorie und Praxis weiter zu begründen und auszubauen – wie zum Beispiel im *Arbeitskreis Geragogik* der Sektion IV der *Deutschen Gesellschaft für Geriatrie und Gerontologie*. Es gilt, Geragogik an den Universitäten/Hochschulen noch stärker als bisher zu verankern.

Mit diesem letzten Punkt ist zugleich der Aspekt der Perspektiven angesprochen: Die Wissenschaft der Geragogik braucht eine feste Verankerung in Form eines Lehrstuhls an einer Universität. Wer es ernst meint, Potenziale des Alters zu fördern und eine Gesellschaft des langen Lebens zu gestalten, die ein gelingendes Altern für jeden Einzelnen verfolgt, muss auch der Geragogik ihren Stellenwert an den Universitäten einräumen. Hier ist die Wissenschaftspolitik gefordert.

Wichtige künftige Fragen werden sein, wie die Geragogik mit der Weiterbildung älterer Arbeitnehmer verknüpft werden kann. Ein Teil ist dabei die Ausbildung von Pflegefachkräften.

FoGera wird sich weiter an diesen Vorhaben beteiligen und die Wissenschaft der Altersbildung in Theorie und Praxis fortentwickeln. Denn die Gestaltung der demografischen Alterung bedingt die Ausweitung von Lernen im Alter.

Literatur

Barakat B, Goujon A, Samir KC, Lutz W (2009) Bildung ist der Schlüssel. In: Vaupel JW, Lutz W, Doblhammer G (Hg) Demografische Forschung aus 1. Hand 6(1):1–2.

Bubolz-Lutz E (2007) Geragogik – Eine Bestandsaufnahme. Wissenschaftliche Disziplin und Feld der Praxis. Erwachsenenbildung 53(4): 178–181.

Bubolz-Lutz E, Kricheldorff C (2006) Freiwilliges Engagement im Pflegemix. Neue Impulse. Freiburg (Lambertus).

Gösken E, Köster D, Kricheldorff C (2007) Altersbildung – mehr als die Nutzung von Bildungsangeboten. Profilschärfung und Weiterentwicklung fachlicher Positionen des 5. Altenberichts. forum Erwachsenenbildung (2): 39–44.

Grymer H, Köster D, Krauss M, Ranga MM, Zimmermann JC (2005 und 2. Aufl. 2008) Altengerechte Stadt – Das Handbuch. Partizipation älterer Menschen als Chance für die Städte. Münster.

Köster D (2005) Bildung im Alter ... die Sicht der kritischen Sozialwissenschaften. In: Klie T, Buhl A, Entzian H, Hedtke-Becker A, Wallrafen-Dreisow H (Hg) Die Zukunft der gesundheitlichen, sozialen und pflegerischen Versorgung älterer Menschen. Frankfurt a.M. 95–109.

Köster D (2002) https://eldorado.uni-dortmund.de/bitstream/2003/2938/2/koestergesunt.pdf. Universität Dortmund.

Köster D, Schramek R, Dorn S (2008): Qualitätsziele moderner SeniorInnenarbeit und Altersbildung. Das Handbuch. Oberhausen (Athena-Verlag).

Kruse A (2008) Alter und Altern – konzeptionelle Überlegungen und empirische Befunde der Gerontologie. In: Kruse A (Hg) Weiterbildung in der zweiten Lebenshälfte. Bielefeld (Bertelsmann) 21–48.

Kruse A, Schmitt E (2005) Zur Veränderung des Altersbildes in Deutschland. Aus Politik und Zeitgeschichte. 49–50: 9–17.

Meyer C (2009) Bildung und lebenslanges Lernen. Seniorenwirtschaft 1(3): 123–125.

Petzold H, Bubolz E (1976) (Hg) Bildungsarbeit mit alten Menschen Stuttgart (Klett-Verlag).

Schramek R (2002) Alt und schwerhörig? Hörgeschädigtengeragogik – eine rehabilitativ orientierte Bildungsarbeit. Oberhausen (ATHENA Verlag).

Tippelt R, Schmidt B, Schnurr S, Sinner S, Theisen C (2009) Bildung Älterer. Chancen im demografischen Wandel. Bielefeld (Bertelsmann).

Korrespondenzadresse:
Dr. Dietmar Köster
Forschungsinstitut Geragogik
Alfred-Herrhausen-Str. 44
D-58455 Witten
E-Mail: *Koester@FoGera.de*
Homepage: *www.fogera.de*

Besprechungen

Yalom ID (2008) In die Sonne schauen. Wie man die Angst vor dem Tod überwindet. München (btb-Verlag) 270 S., 21,95 €.

Der Titel des Buches spiegelt den Volksglauben wider, der sagt, es sei schädlich, der Sonne oder dem Tod ins Gesicht zu schauen. Im Nachwort schreibt Yalom dazu: »Ich würde niemandem empfehlen, in die Sonne zu starren, doch dem Tod ins Gesicht zu sehen, ist eine völlig andere Sache« (261). Yalom, 1931 geboren, ist ein großartiger Schriftsteller und ein bekannter Psychotherapeut (Gruppentherapeut), der seinen therapeutischen Beruf liebt. Er hat viele Menschen, die unter Todesfurcht leiden, behandelt. Vielleicht wurden auch manche dieser Menschen, die von existenziellen Fragen bewegt werden, besonders durch die Form seiner »existenziellen Psychotherapie« angezogen, sodass sie bei ihm eine Therapie suchten.

Der Tod hat im Laufe des menschlichen Lebens unterschiedliche Bedeutungen. Die Gedanken an ihn begeben sich nach seiner Erfahrung vom sechsten Lebensjahr bis zur Pubertät in den Untergrund, danach wird die Beschäftigung mit dem Tod – und auch mit dem Suizid – sehr wichtig. In der Adoleszenz gibt es zahlreiche Formen, die Auseinandersetzung mit dem Tod abzuwehren, in Videospielen ist man beispielsweise leicht Herr über Leben und Tod (11).

Im ersten Kapitel geht Yalom darauf ein, dass die Todesfurcht bei Patienten häufig unentdeckt bleibe und Psychotherapeuten nicht daran denken würden. Er bringt viele Beispiele aus seiner therapeutischen Erfahrung und erzählt u. a. im zweiten Kapitel, wie eine Frau, die gerade 60 Jahre alt geworden ist, mit der Angst um ihren Sohn, der Drogenprobleme hat und in den Knast gekommen ist, ihre eigene Angst vor dem Älterwerden und vor dem Tod abwehrt. Für viele erwachsene Menschen sei auch die Jagd nach Prestige und Geld lange Zeit eine Hauptbeschäftigung, die davor schütze, sich mit dem Tod auseinandersetzen zu müssen. Todesfurcht kann nach dem Tod eines Freundes auftreten oder durch den frühen Tod eines Bruders mobilisiert werden. Gerade bei der letzten Fallgeschichte zeigt sich, dass auch andere Deutungen naheliegen: In dieser Fallbeschreibung werden Geschwisterrivalität und vielleicht Todeswünsche dem älteren verstorbenen Bruder gegenüber völlig ausgeklammert, obwohl das Versinken des Patienten in Alkoholprobleme auch etwas mit den aus der Geschwisterrivalität stammenden Schuldgefühlen zu tun haben könnte. Auch der Berufswechsel nach erfolgreicher Therapie zum Blindenhundtrainer wird nicht unter den Gesichtspunkten von Schuldgefühlen und Wiedergutmachung betrachtet. Trotzdem ist auch diese Therapieschilderung, wie zahlreiche andere, anschaulich, nahegehend und getragen von einer humanistischen Haltung gegenüber dem Patienten, dem die therapeutischen Gespräche auch sichtlich gut getan haben.

Für mich ist das Buch auch so aufregend, weil ich häufig mit Patienten zu tun habe, die unter Panikanfällen, d. h. auch unter Todesangst leiden. Ich versuche meist zu klären, welche Konflikte hinter der Panik stecken könnten, während es für Yalom nahe liegt, die geäußerte Todesangst direkt zu besprechen. Im vierten Kapitel setzt sich Yalom mit philosophischen Fragen auseinander und zeigt sich als Anhänger von Epikur, der die Wurzeln des menschlichen Elends in der allgegenwärtigen Angst vor dem Tod sieht. Während er auf Nietzsche und Schopenhauer zustimmend eingeht, lehnt er Platon, der eine Weiterexistenz nach dem Tode annimmt, ab.

In den darauffolgenden Kapiteln, die mich sehr angerührt haben, zeigt Yalom auf, wie Todesangst vielleicht überwunden werden kann, wenn es gelingt, mit Dankbarkeit darüber nachzudenken, was man von anderen Menschen empfangen hat, und außerdem sich vorzustellen, dass das eigene Tun auch nach dem Tod wie eine angestoßene Welle weiter wirksam sein kann.

In diesem Buch geht es weiterhin um Formen der Selbstoffenbarung in Therapien. Für Yalom ist der Psychotherapeutenberuf sehr wichtig:

Die üppige Gelegenheit für Beziehung ist exakt das, was die Therapie für den Therapeuten so lohnend macht. Ich versuche, einen persönlichen und authentischen Bezug zu jedem meiner Patienten bei jeder Behandlungsstunde herzustellen. Vor Kurzem bemerkte ich einem engen Freund und Therapeutenkollegen gegenüber, dass mir die Idee des Ruhestandes trotz meiner 75 Jahre immer noch fern liege. »*Diese Arbeit ist so befriedigend!*« *sagte ich,* »*ich würde sie umsonst machen. Ich betrachte sie als ein Privileg*«. *Er erwiderte umgehend:* »*Manchmal denke ich, ich würde dafür zahlen, um sie machen zu können.*«

Diese positive Haltung zur therapeutischen Beziehung zeigt sich auch im siebten Kapitel »Todesfurcht ansprechen: Ein Rat für Therapeuten« und hat auch mich bestärkt, in jeder Behandlungsstunde einen persönlichen und authentischen Bezug zu jedem meiner Patienten anzustreben. Auch wenn ich manchmal anders psychotherapeutisch vorgehen, d. h. anders interpretieren und intervenieren würde, ist dieses Buch mit seiner humanistischen Grundhaltung unabhängig von der therapeutischen Ausrichtung überaus anregend und existenziell wichtig.

Johannes Kipp (Baunatal)

Moore C, Stammermann U (2009) Bewegung aus dem Trauma. Stuttgart (Schattauer) 262 S., 29,95 €.

Die verschiedenen Aspekte der traumazentrierten Tanz- und Bewegungspsychotherapie werden in diesem Buch in 12 Einzelartikeln dargestellt und an Therapiebeispielen veranschaulicht. Bei einer schwer traumatisierten Patientin mit einer Anorexie werden z. B. Übungen zur Stärkung taktiler Sinneswahrnehmung beschrieben, da bei dieser Patientin, wie sich herausstellte, zuvor eine »Negativwahrnehmung ihrer Hände« (12) vorgelegen hatte. Dann werden kurz Aspekte der Bewegungsanalyse angesprochen und eine »Body-Ebene« erwähnt, die mir bisher unbekannt war. Ach, dachte ich, doch nur ein Buch für spezialisierte Tanz- und BewegungstherapeutInnen mit entsprechenden Vorkenntnissen. Dem ist aber nicht so! Über das Stichwortverzeichnis wird man auf das Bewegungsbeobachtungssystem BESS (241) verwiesen und dort wird ausgeführt, was auf der Body-Ebene zu beobachten ist: Wie stehen die einzelnen Körperteile miteinander in Verbindung? Welche sind in Bewegung und welche werden gehalten? Von wo aus werden die Bewegungen initiiert etc.? Auch die Beobachtung der Atmung gehört in diese Kategorie.

Diese bewegungsanalytische Beschreibung ist eingebettet in die Darstellung einer fallzentrierten Supervision. Um bewegungsanalytisch in der Supervision zu arbeiten, werden die SupervisionsteilnehmerInnen aufgefordert, sich zuerst identisch wie der besprochene Klient zu bewegen – so die Beschreibung – und dann die Bewegungen zu analysieren, aber auch Konzepte darüber zu entwickeln, was in diesem Klienten vorgehen kann, wenn er sich so bewegt.

Didaktisch werden in ähnlicher Weise im gesamten Buch nicht nur verschiedene bewegungs- und tanztherapeutische Methoden und Vorgehensweisen konkret am Einzelfall beschrieben, sondern auch wissenschaftliche Fakten (mit Literaturhinweisen) mitgeteilt, wie z. B., dass sowohl durch beruhigende Berührung, als auch durch spielerisches Toben endogene Opioide ausgeschüttet werden, die Stress abbauend sind.

In allen Kapiteln wird darauf hingewiesen, dass in der Therapie traumatisierter Menschen kleine Schritte notwendig sind, um eine Reizüberflutung zu vermeiden und Retraumatisierung zu verhindern. Oft kann es sinnvoll sein, zuerst Bewegungen zu üben, die »Sicherheit und Schutz« vermitteln, um dann zu neutralen Bewegungen zu wechseln und schließlich neue Wege zu finden (44f).

In weiteren Kapiteln geht es dann um die Anwendung der Tanz- und Bewegungstherapie bei behinderten Menschen, traumatisierten Flüchtlingen und Flüchtlingskindern sowie um die theoretische Reflexion dessen, was in der Bewegungstherapie mit traumatisierten Menschen passiert. »*Der Körper stellt eine Sprache bereit, die keiner Übersetzung bedarf*« (138), auch wenn kein differenzierter verbaler Austausch mit ihnen möglich ist.

Das Buch ist didaktisch außerordentlich gut aufgebaut. Obwohl es von zahlreichen AutorInnen verfasst ist, gibt es nur wenig Überschneidungen; die editorische Sorgfalt ist herausragend. Dies Werk ist sicher wichtig für ausgebildete Tanz- und BewegungstherapeutInnen, aber auch für diejenigen, die multimodale therapeutische Konzepte in den Institutionen für traumatisierte Menschen entwickeln und beispielsweise auch traumatisierten Migranten helfen wollen.

Johannes Kipp (Baunatal)

Veranstaltungshinweis

8. Hersfelder Forum Alter und Sucht
17. März 2010

AHG Klinik Wigbertshöhe
Am Hainberg 10–12
D-36251 Bad Hersfeld

Anmeldung und Information:
E-Mail: *eresch@ahg.de*
Tel.: 0 66 21/1 85 65

Autorinnen und Autoren

Sabine Baumann, Jahrgang 1953, Dr. phil., Studium Kunstpädagogik, Kunstgeschichte, Kunstwissenschaft. Kontaktstudium Coaching Universität Hannover. Lehrtätigkeit im Bereich kulturelle Bildung. Seit 1989 Ausstellungstätigkeit. Seit 1996 Programmleiterin Bildende Kunst an der Bundesakademie für kulturelle Bildung Wolfenbüttel. Konzeption, Entwicklung, Realisation künstlerischer, kulturvermittelnder und kulturpolitischer Projekte. Lehr- und Beratungstätigkeit. 2004 Lehrauftrag Universität Oldenburg.

Elisabeth Bubolz-Lutz, geb. 1949 in Essen, Dr. phil., Professorin Universität Duisburg-Essen, Direktorin Forschungsinstitut Geragogik. Interessenschwerpunkte: Bildung im Alter, bürgerschaftliches Engagement, Pflege in der Familie.

Karl Ermert, Jahrgang 1946, Dr. phil., Ausbildung als Germanist, Historiker, Erziehungswissenschaftler, Tätigkeiten als germanistischer Linguist, in politisch kultureller Bildung sowie in Hochschulforschung, -planung und -beratung. Er leitet seit 1999 die Bundesakademie für kulturelle Bildung Wolfenbüttel.

Solveig Haring, geb. 1970, Mag[a] und Dr[in], arbeitet als Universitätsassistentin im Arbeitsbereich Weiterbildung des Instituts für Bildungs- und Erziehungswissenschaft an der Karl-Franzens-Universität Graz. Vernetzung der Alterns- und Geschlechterforschung mit Neuen Medien. Bis 2007 war sie Research Fellow und Post Doc an der University East London (SMARTlab). 2008 lehrte sie als *Visiting Professor* am New York City College (CCNY/ CUNY). http://solways.mur.at

Marta Heyder, geb. 1976 in Kozieglowy (Polen), Heil- und Sonderpädagogin (MA), Dipl.- Psychogerontologin (Univ. postgrad.), wissenschaftliche Mitarbeiterin.

Johannes Kipp, geb. 1942, Dr. med., Facharzt für Neurologie und Psychiatrie, Psychosomatische Medizin und Psychotherapie, Psychoanalytiker (DGPT) und Gruppenlehranalytiker (DAGG), Direktor der Klinik für Psychosomatische Medizin am Klinikum Kassel. Zahlreiche Veröffentlichungen insbesondere zur Psychotherapie im Alter, Buchveröffentlichungen zur Gerontopsychiatrie und Psychosentherapie, Mitherausgeber und Schriftleiter von PiA.

Susanne Kraft, geb. 1970 in Bonn, Dipl. Sozialpädagogin/Sozialarbeiterin (FH), Dipl. Psychogerontologin (Univ. postgrad), wissenschaftliche Mitarbeiterin.

Cornelia Kricheldorff, Prof. Dr. phil., Dipl. Sozialgerontologin, Dipl. Sozialpädagogin, ist Professorin für Soziale Gerontologie und Soziale Arbeit im Gesundheitswesen, Prorektorin und Leiterin des Instituts für Angewandte Forschung, Entwicklung und Weiterbildung (IAF) an der Katholischen Fachhochschule Freiburg und Vorsitzende der Sektion IV und des Präsidiums der Deutschen Gesellschaft für Gerontologie und Geriatrie (DGGG). Schwerpunktthemen: Wohnen im Alter, soziale Arbeit im Gesundheitswesen, gemeinwesenorientierte Altenarbeit, Altersbildung/Geragogik, psychische Erkrankungen im Alter mit Schwerpunkt Demenz, Biografiearbeit, (qualitative) empirische Sozialforschung.

Wolf D. Oswald, geb. 1940 in Nürnberg, Univ.-Prof., Dr. rer. pol., Leiter der Forschungsgruppe Prävention & Demenz am Institut für Psychogerontologie der Universität Erlangen-Nürnberg, 1. Vorsitzender der SimA-Akademie e. V..

Julia Steinfort, geb. 1979 in Bergisch Gladbach. Dipl. päd., laufende Promotion an der Technischen Universität Dortmund Fakultät 12 Erziehungswissenschaft und Soziologie. Freie Mitarbeiterin im Forschungsinstitut Geragogik, Witten, Lehrerin für sozialpädagogische Theorie und Praxis an der Fachschule für Sozialpädagogik Düsseldorf. Interessenschwerpunkte: Identitätsentwicklung im Alter, freiwilliges Engagement, Pflege in der Familie, intergenerationelles Lernen.

Angelika Trilling, geb. 1948, Dipl.-Päd., seit 1985 Altenhilfeplanerin bei der Stadt Kassel, Veröffentlichungen zu den Themen Erinnerungspflege, Altenhilfeplanung, Beratung für Ältere; Mitherausgeberin der Zeitschrift PiA.

Monika Wachter, geb. 1966 in Neustadt/Aisch, Dipl. Psychologin (Univ.), 1. stellv. Vorsitzende der SimA-Akademie e. V., Wissenschaftliche Mitarbeiterin.

Psychosozial-Verlag

Elmar Brähler, Hermann J. Berberich (Hg.)

Sexualität und Partnerschaft im Alter

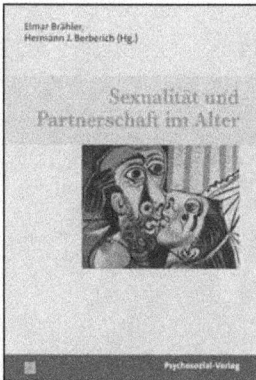

Irene Berkel (Hg.)

Postsexualität
Zur Transformation des Begehrens

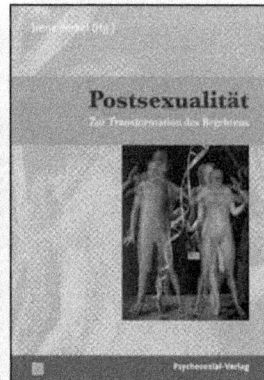

2009 · 202 Seiten · Broschur
ISBN 978-3-89806-760-7

2009 · 195 Seiten · Broschur
ISBN 978-3-8379-2009-3

Sexualität und Partnerschaft werden häufig als ein Privileg der Jüngeren gesehen. Doch auch für alte Menschen spielen diese Bedürfnisse eine wichtige Rolle. Die Gesellschaft tut sich allerdings immer noch schwer, dies zu akzeptieren und offen zu thematisieren. Die Beiträge des Bandes beleuchten verschiedene Aspekte sexueller und partnerschaftlicher Probleme im Alter und behandeln diese unter psychologischen, medizinischen und soziologischen Gesichtspunkten. Bislang vernachlässigte Perspektiven werden thematisiert: von der weiblichen Sicht auf sexuelle Probleme über die spezifischen Probleme der Paartherapie im Alter bis hin zu schwulen und lesbischen Beziehungen.

Die Entbindung der Sexualität aus der Fortpflanzung verändert das Verhältnis der Geschlechter und der Generationen zueinander, die Praktiken des (sexuellen) Genießens und der Fortpflanzung. Der Wandel begegnet uns einerseits in der Sexualisierung des öffentlichen Raums und der sozialen Kommunikation, andererseits in Phänomenen der Entsexualisierung.

Der Band versammelt Beiträge aus Philosophie, Kultur-, Sexual- und Filmwissenschaft, aus Psychoanalyse und Kunst, die das Auftauchen postsexueller Erscheinungen vor dem Hintergrund der religiösen, historischen, sozioökonomischen und psychosexuellen Entwicklungen beleuchten.

Walltorstr. 10 · 35390 Gießen · Tel. 06 41 - 96 99 78 -18 · Fax 06 41 - 96 99 78 -19
bestellung@psychosozial-verlag.de · www.psychosozial-verlag.de

Anna Koellreuter (Hg.)

»Wie benimmt sich der Prof. Freud eigentlich?«

Ein neu entdecktes Tagebuch von 1921 historisch und analytisch kommentiert

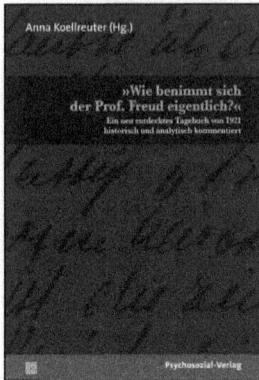

Wolf-Detlef Rost

Eliza im Netz

Aus der Werkstatt eines Psychotherapeuten

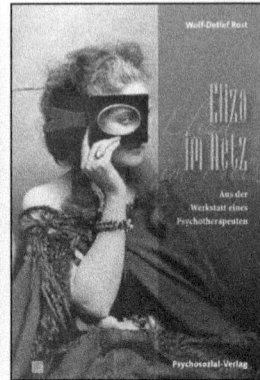

2009 · 320 Seiten · Broschur
ISBN 978-3-89806-897-0

2009 · 206 Seiten · Gebunden
ISBN 978-3-8379-2031-4

Eine junge Ärztin begibt sich 1921 zu Freud in Analyse. In einem Tagebuch hält sie fest, was sie bewegt. Inspiriert von diesen Aufzeichnungen machen sich PsychoanalytikerInnen und GeschichtsforscherInnen Gedanken zu Freud und seiner Arbeitsweise.
»Dieser Fund kommt für die Wissenschaftsgeschichte einer kleinen Sensation gleich.«
(Ernst Falzeder in: DIE ZEIT).

»Eliza im Netz« erzählt den bizarren Fall des Rainer Somberg im Stil einer literarischen Therapiegeschichte. Somberg ist ein scheinbar gefestigter Familienvater, der seine Traumfrau erst im mittleren Alter kennengelernt hat. Als er sie auf einer pornografischen Laienwebsite entdeckt, bricht sein Weltbild wie ein Kartenhaus zusammen. Erstmals lässt er sich auf die Hilfe eines Psychoanalytikers ein. In der Auseinandersetzung mit diesem verdeutlicht Somberg sich sukzessive seine Projektionen, Idealisierungen und narzisstischen Züge, um über die Aufarbeitung bisheriger Beziehungen schließlich ein gereifteres Verhältnis zu seiner Frau zu entwickeln.

Walltorstr. 10 · 35390 Gießen · Tel. 0641-969978-18 · Fax 0641-969978-19
bestellung@psychosozial-verlag.de · www.psychosozial-verlag.de

Lu Seegers, Jürgen Reulecke (Hg.)

Die »Generation der Kriegskinder«

H. Shmuel Erlich, Mira Erlich-Ginor, Hermann Beland

Gestillt mit Tränen – Vergiftet mit Milch

2009 · 184 Seiten · Broschur
ISBN 978-3-89806-855-0

2009 · 212 Seiten · Broschur
ISBN 978-3-89806-765-2

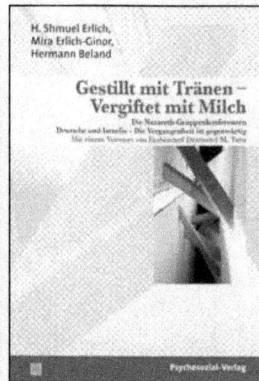

Die »Kriegskindergeneration« steht in Deutschland seit Ende der 1990er Jahre und besonders seit dem 60. Jahrestag des Kriegsendes 2005 im Fokus der Öffentlichkeit. Die beiden Bücher der Journalistinnen Hilke Lorenz und Sabine Bode, die 2003 und 2004 erschienen, trugen dazu bei, eine neue Generation mediengerecht auszurufen.

Dieser Band beschäftigt sich mit den Hintergründen und den Mechanismen des »generation building« der »Kriegskindergeneration« und versucht aus der historischen Perspektive den ganz verschiedenen Erfahrungen, Sinnstiftungen und Deutungen sogenannter »Kriegskinder« nachzugehen.

Die Nazarethkonferenzen demonstrieren eine realistische Möglichkeit für die Zusammenarbeit von Deutschen und Israelis, bei der Erkenntnisse von unbewussten kollektiven Überzeugungen zugleich mit individuellen Identitätsveränderungen gewonnen werden können. Sie verfolgen nicht primär die Absicht der Schuldentlastung oder der Wiederannäherung der Völker, sondern konzentrieren alles Forschungsinteresse auf die beiden nationalen Gruppen, vertreten durch deutsche und israelische Psychoanalytiker und Psychotherapeuten. Als wirksamstes Mittel zur Erforschung kollektiver Verwicklungen des Einzelnen wurde die Gruppenbeziehungsmethode nach dem Tavistock-Leicester-Modell verwendet und bestätigt gefunden.

Walltorstr. 10 · 35390 Gießen · Tel. 06 41 - 96 99 78 - 18 · Fax 06 41 - 96 99 78 - 19
bestellung@psychosozial-verlag.de · www.psychosozial-verlag.de

Günter Gödde

Traditionslinien des »Unbewußten«

Michael B. Buchholz, Günter Gödde (Hg.)

Das Unbewusste Bd. 1–3

2009 · 688 Seiten · Broschur
ISBN 978-3-89806-826-0

2006 · zus. 2347 Seiten · Gebunden
ISBN 978-3-89806-472-9

»Was Günter Göddes Buch leistet, ist genau jene Integration von Vorgeschichte und Geschichte der Psychoanalyse, von innerer und äußerer Betrachtung, die es braucht, um jede voreilige Reduktion der psychoanalytischen Theorie zu vermeiden. Die Theorie des Unbewussten erweist sich weit weniger als der monolithische Block, für den sie angesehen wird. [...] Insgesamt gelingt Gödde so etwas wie eine Triangulation Schopenhauer-Nietzsche-Freud [...].«
Hans-Dieter Gondek in der Süddeutschen Zeitung

»Das Unbewusste« ist keine Erfindung Freuds, sondern wurde von ihm im 19. Jahrhundert aus anderen Feldern in die Medizin und Psychologie »umgebucht«. Durch Freud wurde es zum Zentralbegriff der Psychoanalyse und Tiefenpsychologie. Dennoch blieb die Frage, wie und ob es überhaupt »gedacht« werden kann, Gegenstand heftiger Kontroversen – auch wieder zunehmend in anderen Disziplinen.

Die in den drei Bänden von Michael B. Buchholz und Günter Gödde einzigartig weitreichend zusammengetragenen Erinnerungen und Vergegenwärtigungen auch aus der Zeit vor Freud werden helfen, es angemessen für unsere Zeit zu denken.

Walltorstr. 10 · 35390 Gießen · Tel. 06 41 - 96 99 78 - 18 · Fax 06 41 - 96 99 78 - 19
bestellung@psychosozial-verlag.de · www.psychosozial-verlag.de

www.ingramcontent.com/pod-product-compliance
Lightning Source LLC
Chambersburg PA
CBHW031446280326
41927CB00037B/365